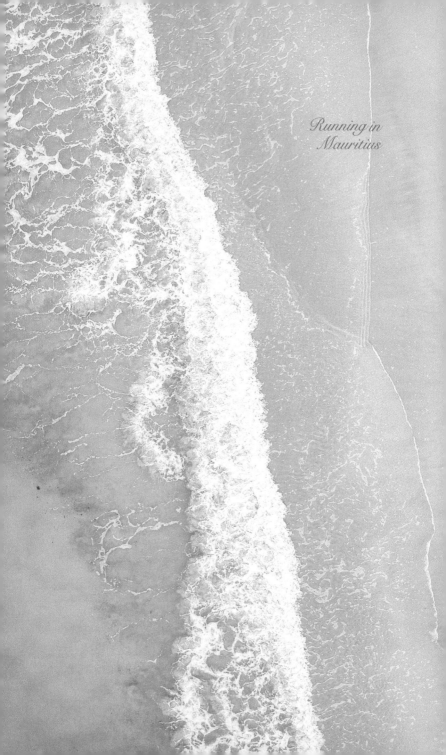

Running in
Mauritius

나는 오늘 모리셔스의
바닷가를 달린다

Running in Mauritius

안정은 지음

세계 곳곳을 달리는 러너 안정은의 모습은 화려하고 아름답다. 하지만 그녀가 꿈을 위해 얼마나 용감하게 달려왔는지를 아는 사람은 많지 않다. 이 책은 달리기 책이 아니다. 정답 없는 인생의 길에서 고민하는 청춘을 위로하고 그들에게 꿈을 주는 책이다. 그리고 러닝이 얼마나 매력적인 운동인지를 덤으로 알려준다.

— 〈런시티〉 편집장 **정혜욱**

사격하는 순간 나 자신에게 몰입하듯이, 마라톤 역시 오롯이 나에게 집중할 수 있는 스포츠다. 나 자신과의 싸움에서 이기고 지는 과정을 통해 나를 다스리는 법을 배울 수 있다. 끝까지 포기하지 않게 된다. 달리기를 통해 어려움을 이겨내고, 자신감을 키우게 된다.

— 사격선수 **진종오**

달리다 힘들면 '내가 운동만 하는 기계인가….'라는 생각이 든다. 이런 감정은 달리기로 이겨낼 수 있다. 이것이 달리기의 딜레마이자 매력이다. 나는 매일 달릴 때마다 인생을 배우고, 새로운 인생을 얻는다. 이 책은 내가 오랜 훈련을 통해 얻은 깨달음을 알차게 담고 있다.

— 육상선수 **김도연**

'국립공원 40일 도보순례'를 기획하고, 순례에 참여했다. 하루 종일 걸으며 사람들을 만나고 긴 대화를 나누었다. 걷기를 통해 나 자신에게 오롯이 집중하는 시간을 가졌다. 이때 얻은 인내와 숙고의 경험이 지금도 어려운 순간을 이겨내는 힘이 되고 있다. 이 책에는 달리기를 통해 얻은 인생의 힘과 지혜가 담겨 있다. 우리 시대의 젊은이와 어른들에게 새로운 도전이 될 것이라 확신한다.

— 수원시장 **염태영**

매일 아침 SNS에 업로드되는 그녀의 이야기는 항상 흥미롭다. 운동에 관심 없는 사람도 글을 읽게 만드는 묘한 매력이 있다. 작가의 인생이 투영돼서 그렇지 않을까. 모리셔스에서 그녀를 만난 후로 깨달았다. 나는 열심히 달리고 있었지만, 내가 길을 잃고 제자리를 뛰었다는 사실을…. 그녀의 열정 덕분에 인생을 다시 뜨겁게 살 수 있게 되었다.

— 여행 파워블로거 **정호윤**

달리기에 빠졌다. 재미없던 생활이 즐거워졌다. 마라톤은 절대로 만만하게 볼 운동이 아니지만, 내 몸과 멘탈을 단단하게 만들어 주었다. 그리고 마라톤보다 힘든 삶을 포기하지 않고 살아갈 수 있게 됐다. — 윤은주

과거엔 인내심이 부족해 무엇이든 쉽게 그만두고 후회하곤 했다. 러닝을 하다 보니 어느새 정신력이 참 강해졌다. 이렇게 내 삶을 꾸준히 단단하게 만들다 보면, 어느덧 철인이 되어 있지 않을까? — 박기쁨

미친 듯이 달리고 나면 집 떠난 새가 제집으로 되돌아온 느낌이랄까? 과거의 씩씩한 나로 다시 태어난 기분! — 이정오

달리기를 습관화하면서 나 스스로 많이 밝아짐을 느낀다. 긍정적인 사람이 되니, 덩달아 좋은 사람을 많이 만나게 되었다. 그래서 나는 좋은 사람들과 앞으로 계속 달릴 것이다. — 이지영

전 세계를 누비는 작가님의 모습은 하루의 대부분을 책상에서 보내는 나에게 동기부여가 되었다. 매일 30분씩 달리고 느끼는 가장 큰 효과는 스트레스가 줄어들고, 몸이 전보다 예뻐지고 건강해진 것이다. ― 장지휘

역경 앞에서 패배해버리면 아무것도 힐 수 없시만, 마라톤을 하면 그 어려움을 이겨내려는 의지가 생긴다. ― 이영근

마라톤으로 5개월 만에 20kg을 감량했다. 달리기는 한 인간의 삶을 바꿀 수 있다. ― 최대근

작가님의 강연을 듣고 나서 가장 기억에 남았던 말이 있다. "달리고 난 후 모든 것이 끝나는 게 아니라 새로운 길이 펼쳐진다." 2년 동안 수험생활의 실패가 내 인생의 끝이 아닌 새로운 도전을 펼칠 수 있는 기회'가 될 수 있다고 생각했다. 내 인생에 큰 변화가 일어났다. ― 김성수

차례

프롤로그

세계 곳곳으로 런트립을 떠나볼래?   **014**

PART 1   **어떻게 달리기로**
                 인생이 바뀔 수 있을까?

42.195km, 인생의 첫 풀코스 완주   **023**

나는 자존감을 수집하기로 결심했다   **029**

힘들 때마다 100m 멀리 뛰기   **038**

"하고 싶은 건 많은데 꿈이 없는 걸."   **047**

달리기를 하며 집집마다 벨을 눌렀다   **057**

TIP – 내가 달릴 수 있을까?   **068**

PART 2   어떻게 강철 체력을 만들 수 있을까?

엄마, 이제 나는 웬만한 남자보다 체력이 좋아!   **075**

"백화점 기둥에 걸린 이 사진, 정은 씨 맞죠?"   **084**

TIP – 달리기로 피부와 몸매를 가꾼다고?   **092**

똑똑한 두뇌는 달리기로 완성된다   **096**

달리기로 누릴 수 있는 10가지 완벽한 자유   **103**

약골의 저질 체력 극복기   **115**

진정한 '아이언 레이디'로 거듭나는 길   **122**

더 달리고 싶다고?   **127**

TIP – 달리지 못하는 흔한 변명 10가지   **132**

PART 3　어떻게 내 삶을 원하는 대로 디자인할 수 있을까?

13시간 36분, 57.7km, 3,450m　　　　　　　　　**139**

TIP – 매너가 러너를 만든다!　　　　　　　　　**146**

오늘 당신의 마음 날씨는 어떤가요?　　　　　　**150**

품격 있는 패자가 되는 연습　　　　　　　　　**156**

내가 러닝전도사가 된 진짜 이유　　　　　　　**162**

런트립, 낯선 도시를 여행하는 완벽한 방법　　　**169**

어느 날, '런태기'가 왔다　　　　　　　　　　**178**

TIP – 여름과 겨울에 멋있게 달리는 법　　　　　**184**

PART 4　어떻게 해야 더 빠르게, 잘 달릴 수 있을까?

풀코스 마라토너가 되는 기적의 100일 프로그램　191

기록을 2분 단축시키는 '팔치기'의 마술　202

언제, 누구와 어떻게 달려야 좋을까?　206

사계절 달리기 좋은 길 BEST 7　216

3대 메이저 마라톤을 모두 달려보니　226

TIP – 내게 맞는 마라톤대회를 골라보자!　234

TIP – 대회 전날 밤, 무엇을 해야 할까?　238

에필로그

마라톤을 마쳤다! 무엇을 할 것인가　242

세계 곳곳으로
런트립을 떠나볼래?

오늘은 모리셔스의 태평양 바닷가를 달린다. 다음 주는 스위스에 있는 몽블랑을 마음껏 뛰어다닌다. 주말엔 100여 명의 사람들과 전국 방방곡곡을 누비며 달리기 여행을 즐긴다.

사람들은 내게 전직 운동선수냐고 묻는다. 아니다. 달리다 보니 '런스타Run Star'가 되어 있었고, 달리다 보니 세계 곳곳을 여행하고 있었다.

발리, 코타키나발루, 싱가포르, 샌프란시스코…, 처음엔 마라톤대회를 다니느라 벌어놓은 돈을 여기에 다 쓰기도 했다.

이제 내 직업은 여행가고, 취미는 운동가다. 기업이

후원하는 다양한 러닝 행사를 맡아 진행하고, 자동차, 뷰티, 은행, 스포츠브랜드, 마라톤대회 등의 홍보모델로 활동하며 대기업을 다닐 때보다 훨씬 많은 수입을 올리고 있다. 쿠알라룸푸르로 가는 기내에서 칼럼을 쓰다가, 러닝 강연을 하기 위해 귀국하는 바쁜 삶을 살고 있다.

최근에는 멜버른, 시드니, 뉴질랜드, 뉴칼레도니아 등을 경유하는 크루즈강연을 맡아 러닝 교육자로서의 삶을 열었다. 러너, 마라토너, 칼럼니스트, 러닝 프로그램 기획자, 강연자, 모델까지 내가 가질 수 있는 직업엔 한계가 사라졌다.

내가 한때 백수생활을 꽤 오래한 '인생 실패자'라고 말한다면 누가 믿어줄까? 나는 컴퓨터공학을 전공하고, 어렵사리 취직해 프로그램 개발자가 되었다. 그러다 6개월 만에 박차고 나왔다. 점심시간을 제외하고 오직 컴퓨터와 대화하는 하루가 정말 끔찍했다.

'의지부족'이라는 비난을 감수하며 새롭게 도전한 일은 승무원. 외국어를 공부하고 이미지 트레이닝에 몰두해 원하던 중국항공사에 최종 합격했다. 하지만 운명의 장난일까?

당시 사드 배치에 따른 중국의 보복으로 취업 비자는 올스톱됐다. 돌아오는 대답은 "기다려."뿐이었다. 그렇게 1년을 기다렸다.

"오늘은 뭘 하며 시간을 보낼까?"

"부모님 얼굴은 또 어떻게 보지?"

"기약 없는 이 기다림에 끝이 있긴 한 거니!"

아침에 눈을 뜨면 이불을 들추고 일어설 힘조차 나지 않았다. 일단 몸을 움직여야 했다. 밤이 오면 눕자마자 잠들 수 있도록 몸을 고되게 굴려야만 했다.

사실 너무 힘들고 괴로워서 달릴 힘조차 없었다. 그러나 달리지 않으면 고민의 무게가 마음을 짓눌러 죽어버릴 것만 같았다. 그래서 매일 아침, 모자를 푹 눌러쓰고 의무적으로 달렸다. 거친 길 위를 하염없이 달렸다.

두 눈을 질끈 감아보았다. 눈을 감으면 이마와 눈썹에 아슬아슬하게 맺혀 있던 땀방울들이 눈썹을 타고 눈양옆으로 흘렀다. 동시에 눈동자에 맺혀 있던 눈물도 함께 흐른다. 눈앞이 흐릿하다. 분명 누군가는 날 이상하게 쳐다봤을지 모른다. 흐르는 것이 땀인지 눈물인지 모르게 하기 위해 계속 달렸다.

언제 중국으로 오라는 통보가 올지 몰라 새로운 직장을 구하지도 못하고 하루하루 기다렸다. 조금씩, 아주 조금씩 취업 비자가 나왔다.

어떤 달은 30명씩 비자가 나오기도 하고, 또 어떤 달은 1명도 비자가 나오지 않았다. 1년간 합격자 200명 중 199명이 비자를 받았다. 오직 1명만 가슴에 윙 배지를 달지 못했다. 그게 바로 나다. 이유는 아직도 모른다.

"너 사기당한 거 아니야?"

"너 합격 안 했는데 합격했다고 거짓말하고, 다른 회사 준비하는 거지?"

가장 신뢰해줄 줄 알았던 사람들로부터 근거 없는 비난을 받을 때, 나는 말없이 어제보다 조금 더 긴 거리를 달렸다. 마치 컨베이어 벨트를 달리는 것처럼 쉼 없이 달려야 비로소 마음이 진정되는 것 같았다.

힘껏 달리고 나면 그 날을 버틸 힘이 생겼고, 원망하던 사람들이 서서히 용서됐다. 울적한 기분으로 아침에 일어났더라도 달리고 나면 웃으며 집으로 돌아올 수 있었다.

특별한 하루를 보낸 것도 아니지만, 특별해졌다. 그래서 행복했다. 이것이 내가 달리기를 시작한 진짜 이유다.

의욕, 직장, 꿈, 무엇 하나 뚜렷하지 못했던 내가 달리기를 만난 후 인생이 바뀌었다. 내가 무엇을 좋아하고 무엇을 해야 하는지 인생의 목표가 생겼다. 꿈이 생겼다. 이렇게 조금씩 나를 알아가고 내 몸이 말하는 소리에 귀 기울이게 됐다.

'나는 무엇을 좋아하지?', '이 일을 할 때의 내 모습이 참 좋아!', '아, 이걸 할 때 나도 모르게 웃고 있구나!' 하고 나를 살피게 됐다. 타인의 시선을 의식하지 않고, 내면의 소리에 집중하기 시작했다.

프로그램 개발자, 승무원, 마케터라는 직업을 거치는 동안 한순간도 쉬운 적은 없었다. 그런데 달리면서 많은 것이 바뀌어 있었다.

건강하지 않던 신체가 누구보다 건강해졌고, 무력감에 찌든 정신이 주변에 긍정적인 영향을 미칠 만큼 맑아졌다. 나에게 손가락질하던 사람들은 온데간데없이 사라졌다.

이런 큰 변화는 작은 움직임에서 시작됐다. 뒤축이 꺾인 구두들 사이에서 오래된 운동화를 한 켤레 집어 들고부터다.

나의 현재 위치와 앞으로 가야 할 방향에 대해 진지하게 고민해야 할 때, 나는 달리기를 선택했다. 달리다 보면 오직 귓등을 스치는 바람과 나의 숨소리만 들려온다. 헉헉대도 괜찮다. 생각으로부터 자유로워지는 법을 배울 수 있으니까.

내가 진짜 원하는 게 무엇인지 깨닫게 되면, 그 의지와 열정이 자연스레 표정으로, 몸짓으로 드러나게 된다.

평범한 여자가 운동을 시작한 뒤, 삶을 변화시키고 삶을 사랑하게 된 이야기를 담고 싶었다. 내가 그랬던 것처럼 아직 가능성을 발견하지 못한 누군가의 레이스에 페이스메이커가 되어주고 싶었다.

6개월 만에 마라톤 풀코스를 완주할 수 있었던 비결, 포기하고 싶을 때마다 끈기 있게 버텨낸 방법, 인생 레이스에서 마주친 다양한 사람들에 대해 이야기하고자 한다.

지금부터 나와 함께 런트립Run-Trip을 떠나보지 않겠는가? 책의 마지막 장이 끝나는 순간, 미치게 달리고 싶어질 것이다.

모리셔스에서

안정은

PART 1

어떻게 달리기로
인생이 바뀔 수 있을까?

루저가 된 기분일 때 나는 달리기를 선택했다. 의욕도, 직장도, 꿈도 무엇하나 뚜렷하지 못했던 나는 달리기를 통해 대기업에 합격했고, 새로운 꿈을 찾았다. 나만이 할 수 있는 특별한 직업을 만들어냈다. 내 삶을 풍요롭게 하는 일들이 무엇인지 알게 됐다.

42.195km,
인생의 첫 풀코스 완주

마라톤 풀코스 7회 완주, 산을 달리는 울트라 트레일러닝 111km 완주, 철인3종경기 완주, 그리고 10km 달리기 개인기록 44분. 이외에도 각종 대회에 참가해 받은 완주 메달이 100개쯤 된다. 웬만한 남자보다 빠르고, 강하다.

처음부터 이 모든 것을 완주할 만큼 강했던 것은 아니다. 정신적으로 강인했던 건 더욱 아니다. 달리기를 시작하기 전, 모든 것이 힘들고 괴로웠다. 달릴 힘조차 없었다. 앞으로 더 이상 달려 나갈 수 없어서 달리기 시작했다. 뭔 소리냐고?

아무것도 할 수 없는 상황에서 뭐라도 하지 않으면

불안했고, 정신마저 나약했기 때문에 맨몸으로 달렸다.

달린 지 6개월 만에 마라톤 풀코스에 도전했다. 주변에서 모두가 말렸다. 마지막 10km는 다리를 질질 끌다시피 뛰었다. 아니, 걸었다. 완주 후에 3개월 동안 달리기를 쉬어야 했다. 매일같이 병원에서 물리치료를 받았다. 계단을 오르내리기는 물론, 앉았다 일어서는 것조차 힘들었다.

산을 달리는 트레일러닝 대회에 처음 나갔을 때는 모든 에너지를 달리는 데 쏟다 보니, 도리어 졸음이 몰려왔다. 졸음 때문에 나무에 긁히고 바위에 찍혀 온몸에 상처가 나도 졸려서 아픈 줄 몰랐다.

하늘이 노래지고 머리가 핑 돌았다. 완주 후, 그 자리에 쓰러져 기쁨의 눈물을 터트렸다. 그래도 완주했으니 달리기 재능을 타고난 거 아니냐고?

내 인생에 '풀코스'라니!

내 인생에 '풀코스'라는 단어가 끼어들 줄 상상조차 하지 못했다. '내가 왜 팔자에도 없는 풀코스에 도전해서 고생을 사서 할까?'라고 생각한 적도 있었다. 하지만 완주 후, 이런 푸념이 온데간데없이 사라졌다. 성취감은 힘들었던 기억마저 행복한 추억으로 바꾸었다.

내가 풀코스를 달린 이유는 딱 하나다. '인생은 마라톤이라는데…, 마라톤 풀코스를 완주하면 내 삶에서 이루지 못할 일이란 없겠지.'라는 생각에서다.

7번의 풀코스를 달릴 때마다 매번 풀코스는 나에게 새로운 깨달음을 안겨주었다. 사파리 같은 사회에서 정신을 부여잡고 버티는 법, 체력이 바닥났을 때 새로운 창구에서 에너지를 얻는 법 등 달리기를 통해 얻은 깨달음을 인생 곳곳에 적용할 수 있었다.

그중에서 가장 좋은 점은 매일 어떻게 하면 우물 밖으로 나갈까 고민하게 된 것이다.

"철인3종경기에 도전해볼까?"

"50km도 성공했는데, 100km도 완주할 수 있지 않을까?"

"100km도 성공했는데, 100mile(160km)도 완주할 수 있지 않을까?"

세상 밖으로 나가 '도전'과 '성취'라는 희열감을 한 번 맛보면, 그 맛에 빠져 더 달달한 맛을 갈망한다. 그렇게 나는 마라톤 풀코스를 7번이나 달렸고, 철인3종경기를 완주했으며, 27시간 동안 잠을 한숨도 자지 않고 한라산 111km 코스를 내달렸다.

헬스장으로 출근 도장을 찍은 지 겨우 7일 만

컴퓨터공학을 전공하고 내가 가진 첫 번째 직업은 프로그램 개발자다. 하루 종일 컴퓨터 앞에 앉아 있는 일이 도무지 적성에 맞지 않아 반년 만에 퇴사하고, 승무원직에 최종 합격했다. 친구들과 연락을 끊고 독하게 준비해 얻어낸 일이지만, 중국은 사드 문제로 한국인 취업자에게 비자를 내주지 않았다. 답답한 마음에 운동이나 하려고 헬스장에 등록했다.

안 하던 짓을 하려니 운동복도 나에게 안 어울리는 것 같았고, 사람들이 나만 쳐다보는 것 같았다. '어머! 쟤는 왜 저런 옷을 입었지?', '운동하는 모양새가 어째 이상한데?'

다른 사람의 시선을 의식하면서 트레드밀 위를 달리다 보니, 내가 봐야 할 것들이 눈에 들어오지 않았다. 하지만 그것도 잠시였다. 하루 이틀 꾸준히 달리다보니, 서서히 내가 보고 싶은 것들이 보이기 시작했다.

헬스장의 한쪽 벽은 통유리다. 트레드밀 위를 달리며 참새들이 쪼르르 노니는 광경, 하루가 다르게 꽃봉오리가 피어나는 모습, 바람에 이끌려 이리저리 흔들리는 들풀이 보이기 시작했다. 분명 1주일 전의 아침에도 보고, 어제 아침에도 봤던 풍경이건만 이상하게도 그날 따라 완전히 새롭게 느껴졌다. 오감이 하나둘 깨어나기 시작했다.

시각이 안정되니 후각이 살아났다. 흡, 하.

코끝에 모든 신경을 집중해 냄새를 맡아본 적 있는가? 보이는 세상은 아름다운데, 주변에선 쿰쿰한 냄새가 났다. 헬스장 특유의 텁텁한 고무냄새였다. 헬스장에 등록하려고 들어선 순간부터 그 냄새는 났을 것이다.

후각이 살아나니 답답한 헬스장을 벗어나고 싶어졌다. 마침 밖에는 봄바람에 벚꽃이 이리저리 흩날리고, 봄 향기가 진동하고 있었다. 2016년 4월, 내 첫 달리기 코스는 서울 남산이었다. 남산은 꽃비를 뿌리며 나를 황홀하게 맞아주었다.

나는 그렇게 남산의 꽃길을 달렸고, 꿈에도 알지 못했던 꽃길을 여전히 달리고 있다. 나는 이때를 내 인생의 '러닝포인트'라고 부른다.

나는 자존감을
수집하기로 결심했다

　　　　오랫동안 백수 생활을 하고서 깨달은 것이 있다. 매일 아침 눈을 떴을 때 오늘 할 일이 있다는 것은 크나큰 행운이라고. 마찬가지로 달리고 싶은 길이 있고 달릴 용기가 있으면, 더 멀리 달릴 수 있는 힘이 생긴다. 왜일까?

　　몸이 앞으로 나아가는 만큼 인생도 나아가기 때문이다. 지금 잠시 멈췄더라도 나는 길에서 만난 수많은 사람들의 이야기를 들으며 성장했다. 길 위에선 나이가 많고 적고, 달리는 속도가 빠르고 느리고, 돈이 많고 적고는 상관이 없었다.

자존감이 바닥났을 때

"어른 말을 들으면 자다가도 떡이 생긴다."는 옛말이
있다. 나는 그 말을 철석같이 믿는 착한 딸이었다. 부모
님과 선생님이 하는 말씀이라면 그대로 따랐다.

칭찬받기를 좋아했던 것 같다. 선생님에게 칭찬받기
위해 공부했고, 사회가 원하는 전공인 컴퓨터공학과를
선택했다. 그러던 어느 날, 이대로 살면 안 될 것 같은
느낌이 들었다.

"네가 원하는 삶을 한번 스케치해볼래?"라는 과제가
학교에서 주어졌다. 미래를 그려보기 위해 연필조차 깎
지 못할 것 같은 공포감이 들었다. 내 삶이 전혀 행복하
지 않았던 것이다.

나는 평소 부정적인 사람이었고, 한 번 안 좋은 생각
을 하면 그 생각이 꼬리에 꼬리를 물고 점점 바닥으로
추락하는 나쁜 습관을 가지고 있었다. 걱정이 늘어날수
록 부정적으로 변했다. 하루하루 살얼음판을 걷는 듯한
느낌이었다.

나는 나를 타인과 비교하며 하루를 시작했다. 사람마
다 성장환경과 재능이 다름에도 불구하고 나는 이 버릇
을 그만두지 못했다.

'누가 더 수학점수가 높지?', '선생님이 누구를 더 예

뻐하시지?' 내가 잘하는 것들을 보려고 하지 않았고, 내가 못하는 것과 할 수 없는 것만 한없이 크게 보았다. 자존감은 바닥난 상태에서 말수도 적었다. 그러니 나의 생각과 감정이 사람들에게 제대로 표현될 턱이 없었다.

과연 나는 잘 살고 있는 걸까?

"내일은 뭘 하며 시간을 보내야 아깝지 않을까?"

"후배에게 뒤처지지 않으려면 얼마나 더 노력해야 하지?"

성인이 되어도 크게 달라진 건 없었다. 그런 나에게 안 좋은 생각을 온전히 떨쳐내는 유일한 시간이 생겼다. 달리는 동안에는 쓸데없는 걱정을 하지 않았고, 부정적인 생각이 나를 잠식하지 않았다.

내가 나쁜 생각으로부터 도망치는 중인 걸까? 어쨌거나 달리는 동안에는 나쁜 생각의 꼬리에서 벗어나 안도감이 들어서 좋았다. 그 느낌이 좋아서 계속 달리게 됐다.

달리기를 통해 미처 몰랐던 나의 재능을 발견하기도 했다. 주말마다 마라톤대회에 참가해 입상하는 것은 꽤 쏠쏠한 아르바이트였다. '고기 불판'이나 '16종 두루마리 휴지 세트'는 엄마에게 소소한 행복을 가져다주었다.

마라톤대회에서 스태프로 자원봉사를 할 때는 나의 손짓으로 선수들이 미소 짓고 고마워했다. 선수들이 나의 도움으로 건강하게 완주하는 것에 희열을 느끼며, 서포터로서의 재능을 발견했다.

셀카 찍던 내공을 발휘해 '사진을 잘 찍는 러너'가 되기도 했다. 함께 달리는 러너들의 사진과 영상을 찍고 공유하는 것이 즐거웠다.

어떤 분들은 다른 러너의 행복한 표정을 프레임에 담기 위해 무거운 카메라를 기꺼이 어깨에 지고 함께 달리기도 한다. 행복한 모습을 잘 기록하는 것도 엄청난 재능이다. 나도 모르게 자존감이 차곡차곡 쌓이고 있었다.

누군가 말했다. "해보지 않고는 당신이 무엇을 해낼 수 있는지 알 수 없다." 달려보기 전엔 내가 갖고 있는 능력을 알 수 없었다.

약도 없는 월요병?

나는 내 방에서 볕이 가장 잘 드는 곳에 자존감을 진열해놓는다. 그 자존감들이 하나씩 쌓일 때마다 약도 없다는 월요병을 겪지 않게 되었다.

메달 1개가 1주일을 버티게 했다. 돌아오는 주말이면 또다시 달리기를 하고, 그 힘으로 다시 1주일을 버틴다.

메달의 행운을 전적으로 믿어보자.
목에 건 메달의 무게가 커질수록
행복이 비례하여 늘어난다.

때때로 2주일을 버티기도 했다.

1주일에 1번, 정확히 말하면 1주일에 1시간가량 마라톤을 했을 뿐인데, 나는 월요일부터 일요일까지 지치지 않고 달릴 수 있게 됐다. 체력이 좋아져서만은 아니다. 높아진 자존감은 회사 생활을 더욱 열심히 할 수 있도록 도와주었다. 왜냐고? 나는 해냈으니까. 나는 성공의 경험이 너무나도 많으니까!

메달은 일기처럼 일상을 기록하는 역할도 했다. 메달에는 대회명과 레이스가 펼쳐진 장소, 그리고 대회가 개최된 날짜가 적혀 있다.

"그래, 이때 8km 지점에서 포기하고 싶었지만 꾹 참고 달렸지. 이 날 함께 달려준 친구가 없었더라면, 난 이 완주 메달을 목에 걸지 못했을 거야."

지난날에 쌓은 나의 위대한 업적을 생각하며 달릴 힘을 재충전한다. 메달을 가만히 보고 있으면 신기하게도 그 날 친구와 나눴던 대화, 날씨, 바람의 방향이 생생하게 살아난다.

성취의 '크기'보다 '빈도'

인간은 망각의 동물이다. 아무리 큰 성취감을 얻었다 해도 오래가지 않는다. 당시의 벅차오르는 감정을 금세 잊고, 다시 일상으로 돌아온다. 그래서 작은 성취감이라도 꾸준히 반복해서 느끼는 것이 인생의 목표를 이루는 데 중요하다는 것을 깨달았다.

내가 누릴 수 있는 성취의 양은 내가 정할 수 있다. 성취의 크기는 별로 중요하지 않고, 빈도가 더욱 중요하다. 이것이 내가 달리면서 얻은 소중한 진리다.

다른 스포츠 대회는 순위권 안에 들어온 선수에게만 메달을 주지만, 마라톤대회는 완주하기만 하면 누구에게나 메달을 준다. 심지어 참가자 수만 명에게 메달을 목에 직접 걸어주기도 한다. 그만큼 '완주' 자체에 두는 의미가 크다. 얼마나 빠른 속도로 달렸는지는 중요하지 않다.

피니시 라인에서 메달을 목에 거는 순간 온몸의 고통이 눈 녹듯이 사라진다. '다음엔 좀 더 빨리, 열심히 달려야지.' 하고 다짐한다. 한 번 빠지면 헤어 나올 수 없다. 이것은 나 스스로에게 하는 칭찬이다.

어렸을 때 부모님이나 선생님으로부터 받던 칭찬과는 조금 다르다. 성인이 되고 가장 어려워진 것이 칭찬받기 아닐까? 상사, 선생님, 교수님, 부모님에게 잘해봐야 본전이다. 하지만 달리기는 다르다. 달리기만 했

을 뿐인데…, 잘했다고 토닥여주고, 간식도 주고, 사진도 찍어준다.

이런 경험은 회사에서 일할 때 큰 영향을 미쳤다. 개발자로 일하던 시절, 프로젝트를 시작하면 짧게는 3개월, 길게는 6개월에서 1년 단위로 진행됐다. 프로젝트의 기간이 길어질수록 내가 제대로 일하고 있는지, 이렇게 하는 게 맞는지 의문이 들 때가 종종 있다. 중간에 점검할 기회가 있거나 적절한 보상이 주어지는 것도 아니었다.

혼자서 고군분투한다는 느낌이 들 때 완주 메달은 내가 나에게 주는 칭찬이었다. 성취감과 자존감으로 단단히 무장한 내 마음가짐이 곧 나의 무기였다. 옆자리에 앉은 동료가 가진 무기와는 비교되지 않았다.

이제 나는 타인과 내가 아니라, 어제의 나와 오늘의 나를 비교하는 법을 알게 된 것이다.

힘들 때마다
100m 멀리 뛰기

"달리기, 어떻게 처음 시작했나요?"

나는 러너들에게 종종 질문한다. 그중 나를 놀라게 한 대답이 있다. 조용한 해변가에 갑자기 뱃고동 소리가 '붕' 하고 울리면서 머리를 때린 느낌이었다. 한동안 그 말이 귓가에 맴돌았다.

"달리는 사람들의 사진이 SNS에 자주 떠요. 달리기는 힘든 운동이잖아요. 그런데 사람들을 보면 하나같이 웃고 있어요. 그들이 웃는 이유가 궁금했어요."

실제로 나는 달릴 때 훨씬 많이 웃는다. 평범한 일상에서는 하루에 1번을 웃기가 어렵다. 웃을 일이 없다. 좋은 사람들과 함께 달려서 그런 것일 수도 있지만, 달리다 보면 기분이 정말 좋아진다. 나도 모르게 도움이 필요한 낯선 이에게 먼저 손을 내밀기도 하고, 말을 건네기도 한다.

오늘 과감하게 포기했습니다

길가에 붙어 있는 수많은 표어를 보았다. 그중 한 표어는 42.195km를 달리는 내내 머릿속을 떠나지 않았다. "이 길이 끝나는 곳에서 새로운 길이 펼쳐진다." 그것이 무슨 의미인지 한참 생각했다. 4시간 동안 다리를 굴리는 동시에 머리도 굴렸다.

마라톤 풀코스를 완주하자마자 그 의미를 깨달았다. 정말로 길이 끝나는 곳에서 새로운 길이 펼쳐졌다. 나의 진짜 목표와 꿈들이 떠오르기 시작했다. 마라톤을 완주해냈다는 자신감이 그간 망설였던 꿈을 꿈틀거리게 도와주었다.

그렇게 나는 승무원직을 과감히 포기하고, 마케터라는 새로운 직업을 가지게 되었다. 그리고 1년 뒤, 내 꿈을 찾고자 다시 퇴사를 결심했다. 한 번 사는 인생, 회사보다 나 자신을 마케팅하고 싶었던 것이다.

달리기 기술을 인생에 적용하면, 꿈을 빠르게 찾고 성공할 확률이 높아진다. 마라톤을 완주하기 위해 적용했던 기술을 인생에 똑같이 적용하면 된다. 가령 어떤 수학 문제는 복잡해 보이지만, 공식에 대입하면 스르르 풀린다. 마라톤을 완주하고 나면, 마라톤 같은 기나긴 인생을 살아가는 데 필요한 '마라톤 공식'을 찾게 된다.

이 공식을 인생에 적용하면 자신이 원하는 모습으로 새롭게 거듭나고, 원하는 삶을 창조해낼 수 있다. 가정이든 사회든 삶의 모든 영역에서 성공적인 삶을 살게 된다.

인생을 살아가는 데 필요한 '마라톤 공식'

마라톤 공식은 달리기를 잘하는 3가지 방법에서 도출할 수 있다. 첫째, 개인의 훈련. 둘째, 전문가의 코칭. 셋째, 달리기에 도움을 주는 기어다. 기어란, 경기력을 향상시켜주는 러닝화나 심박수, 페이스를 확인할 수 있는 러닝시계 같은 제품들을 말한다.

훈련, 코칭, 기어의 중요도에 순서를 매기면, 훈련이 가장 중요하고, 그다음이 코칭, 기어다.

달리기 잘하는 방법(훈련, 코칭, 기어) = 인생을 잘 사는 방법

훌륭한 코칭과 값비싼 기어가 있어도 내가 훈련하지

않으면 실력은 제자리걸음이다. 물론 개인의 훈련만으로 실력은 충분히 향상될 수 있다. 하지만 여기에 코치의 조언과 자세 교정이 조금만 더해지면 내가 미처 몰랐던 재능을 발견할 수 있다. 주행 시간을 마법같이 단축시킬 수 있다.

좋은 기어를 무시할 수 없다. 무거운 핸드폰을 들고 달리는 것보다 러닝시계를 차고 달리면 그 무게만큼 에너지를 비축할 수 있다. 5시간을 걸려 작업한 일인데, 저장하는 데만 10시간이 걸린다면 분명히 문제가 있다. 일하는 속도를 단축시키고, 결과물을 더 좋게 할 수 있다면 과감한 투자가 필요하다.

이 법칙은 인생에도 적용된다. 마라톤 공식을 깨치면 인생을 조금 더 잘 사는 방법을 터득할 수 있다. 회사에서 새로운 직무를 맡게 되었을 때, 누구보다 빨리 적응하고 값진 결과물을 낼 수 있다. 갑자기 새로운 부서로 발령받거나, 새로운 일을 떠맡게 되어도 일의 우선순위를 금방 정할 수 있다.

몸으로 배운 능력은 평생 잊히지 않는다고 했던가? 공식을 알면 해답으로 가는 길이 보이는 것처럼, 인생길에도 해답이 보일 것이다. 내가 그랬으니, 당신도 그럴 것이다. 어느새 내가 원하는 일들을 이루게 되고, 심장이 고동칠 것이고, 반복된 성취 과정을 통해 무엇이든 이룰 수 있는 성공 습관이 몸에 밴다. 이제 우리 삶에 마라톤 공식을 한번 적용해보자.

"성공하지 못해도 괜찮아."

누구나 매일 퇴사를 꿈꾼다. 친구도, 언니도, 동생도. 하지만 퇴사하지 못하는 이유는 딱 1가지다. 회사를 그만둘 '용기'가 없어서다. 그 용기에는 다음과 같은 질문들이 포함된다.

'내가 진짜 좋아하는 일이 이게 맞을까?'
'선불리 그만두었다가 손가락질을 받으면 어쩌지?'
'좋아하는 일을 선택했다가 실패하면 어떡하지?'

나는 달리기를 하면서 회사를 그만둘 용기가 생겼다. 회사 없이 나 혼자서 할 수 있는 것들이 무엇인지 확신하게 됐다. 사실 우리는 고민하는 일들의 해결책을 알고 있는 경우가 많다.

내가 어떤 일을 할 때 행복하고, 잘하는 것이 무엇이고, 주변에서 나에게 도움을 구하는 일들이 무엇인지 잘 알고 있다. 나의 성향과 관심사, 특기를 안다면 이제는 결심의 문제로 귀결된다.

그런데도 간절히 원하면서 꼭 다른 사람들에게 물어보곤 한다. "이거 진짜 예쁘지 않아?", "살까? 말까?" 이 질문엔 친구가 대신 답해줄 수 없고, 부모도 확신을 줄 수 없다. 타인의 시선을 의식하지 말고, 나 자신에게 물어봐야 한다.

나는 42.195km, 혹은 좀 더 긴 거리를 달리면서 나에게 질문했다. 그리고 내가 해낼 거라는 자신감과 확신이 생겼다. 사람들은 물을 것이다. "애개, 고작 마라톤 한 번 달렸다고 꿈을 찾게 되는 건 과장 아니야?"라고 말이다.

사실 마라톤 풀코스는 42.195km가 아니다. 단 하루를 달리기 위해 수개월을 쉼 없이 준비한 수백 km의 결과다. 오랫동안 흘린 땀은 도전정신을 불러일으키고, 그 도전은 성취감을 만들어 하루하루를 의욕적이고 생기 있게 살도록 도와준다. 그래서 긴 거리를 달릴수록 나는 더 단단해졌다. 무엇이든지 해낼 수 있을 것 같은 힘이 생겼다.

그렇기 때문에 성공하지 못해도 괜찮다. 출발선에 선

다는 것은 이미 피니시 라인에 도달한 것을 의미하기 때문이다. 달리면서 스스로 어떤 사람이 되고 싶은지 생각해보자. 그리고 결심하자. 누구도 강요하지 않았기 때문에 내 결심에 확신이 서게 된다.

우렁차게 울수록 건강하다는 증거

50km가 넘는 울트라 트레일러닝을 처음 완주하고 주 저앉아 울었다. 나는 이 순간을 '우물 밖으로 나왔다.'고 표현한다. 한 번도 느껴보지 못한 햇살이 너무 따스하 고 눈부셔서 눈물이 터졌다.

갓난아이가 엄마의 뱃속을 나오자마자 울음을 터트 릴 때 이런 기분일까? 우렁차게 울수록 아주 건강하게 태어났다는 증거다. 세상 밖으로 아주 잘 나왔다는 증 거다. 그래서 첫 완주 뒤에 흐르는 눈물은 값지다.

달리기를 하다 보면 항상 아스팔트 포장도로만 달릴 수 없다. 보송보송한 트랙 위를 달리거나 모래가 부서 지는 자갈밭을 달리기도 한다. 한숨부터 나오는 끝없는 언덕을 만나기도 하고, 신나게 뛰어 내려갈 수 있는 내 리막을 마주하기도 한다. 날씨에 따라서 얼음 위를 달 리거나 진눈깨비를 맞으며 달릴 수도 있다.

마라톤 풀코스는 42.195km가 아니다.

단 하루를 달리기 위해

수개월을 쉼 없이 준비한

수백 km의 결과다.

넘어지면 아프지 않느냐고? 넘어져도 괜찮다. 넘어
졌을 때 바닥에 있는 예쁜 조약돌을 하나 손에 쥐고 일
어서면 된다. 나에게는 조약돌이라는 남들이 갖지 못한
무기가 있으니까.

잠깐 쉬면서 숨 고르기를 해도 되고 주위를 둘러볼
여유를 가질 수 있다. 여유가 있으면 도움이 필요한 친
구가 있는지, 함께 의지하며 달릴 수 있는 친구가 있는
지 살펴보게 된다.

그대로 주저앉아 멈추지만 않으면 된다. 한치 앞을
내다볼 수 없을지라도 계속해서 앞으로 나아가다 보면
깜깜한 앞날에 길이 보이고, 내가 나아가야 할 길의 방
향이 보인다.

나는 달리기만으로 우물 밖의 세상을 조금씩 탐험하
는 중이다. 하루 30분 달리기로 자갈밭에 숨겨진 꽃길
을 찾는 중이다.

"하고 싶은 건 많은데
꿈이 없는 걸."

나는 프로그램 개발자, 승무원, 마케터라는 직업을 가졌다. 이밖에 연극배우, 가야금 연주자, 여행 인솔자, 그리고 지금의 러너에 이르기까지…, 나는 이직을 7번 하고, 직종을 7번 바꾸며 나 자신을 알아갔다.

달리 말하면 한 직업을 오랫동안 가져본 적이 없는, '돈은 벌고 싶지만 끈기는 없고', '하고 싶은 건 많지만 꿈은 없는' 인생 실패자였다.

내가 이런 삶을 살게 된 이유는 진짜 좋아하는 일을 찾고 싶어서였다. 덕분에 지금은 내가 좋아하는 일이 무엇인지, 내가 할 수 있는 일과 해야 하는 일이 무엇인지 이른 나이에 발견했다. 자연스럽게 일과 관련된 자격증과 이력들이 많다. 면접을 본 경험도 많다.

이력서는 곧 나를 증명한다. 나는 승무원직과 개발자직을 포기하고, 여기저기 서류를 넣을 때 이력서의 취미 칸에 '마라톤'을 적었다. 면접관들은 '잦은 이직'이라는 큰 감점 요소보다 마라톤에 관심을 보였다.

깍쟁이 같은 20대 여자가 풀코스 마라톤을 완주하다니, 흔치 않은 것이 사실이다. 면접관들은 취미 하나로 마치 내가 어떤 사람이고, 또 어떤 사람이 될 수 있을지를 들여다보는 것 같았다. 나는 기회를 틈타 내가 가진 집념과 끈기를 열심히 어필했다.

면접관들은 내 경험담을 들으며 나를 신기하다는 듯이 쳐다보았다. 그리고 최종 합격했다. 정확히 무엇이 나를 합격의 길로 이끌었는지 모른다. 하지만 직장 상사들이 좋아하는 성품은 분명하다. 버티는 힘, 즉 근성이다. 이 근성을 증명하면 되는 것이다.

의지와 끈기는 후천적으로 길러진다!

나는 끈기가 부족한 사람이었다. 새해 다이어리를 쓰기로 마음먹으면 3장을 넘기지 못했다. 7음계를 짚기만 하고 끝내버린 악기가 여럿이다. 그런데 달리기를 시작하면서 나도 모르는 사이 '끈기'가 생겼고, '근성'이 장전되었다.

건강한 신체에 건강한 정신이 깃든다고 했던가? 원하는 목표에 도달하지 못하면 다음 주에 열릴 대회를 다시 신청했다. 그 대회를 위해 또 1주일간 연습했다. 돌부리에 걸려 넘어져도 주저앉지 않았다. 나를 제치고 간 수십 명을 따라잡기 위해 이 악물고 달렸다.

나를 지나쳐가는 경쟁자들을 바라보며 진심을 다해 응원했다. 그들의 뒤를 쫓아가면서 더 긴 거리를 달릴 수 있었기 때문이다. 이렇게 나는 차근차근 연습했고, 점차 강해졌다. 내가 흘린 땀이 모여 근성이 되고 끈기가 되었다.

'지속'하면 나타나는 놀라운 변화

벤자민 프랭클린은 말했다. "인내심이 강한 사람은 결국 그가 원하는 것을 모두 갖게 된다." 인내를 가진 사람은 포기하지 않고 지속한다.

가령 다이어트는 모두의 관심사다. 성공한 다이어터들에게는 공통점이 있다. 자신에게 잘 맞는 식이요법이나 운동법을 발견하면, 몇 년 동안 하루도 거르지 않고 꾸준히 지속한다.

하지만 다이어트에 자꾸 실패하는 사람들은 하루아침에 몸매가 달라지길 원한다. 그래서 살 빼는 데 좋다는 것을 찾아 이것저것 먹어보기도 하고, 시술을 받기도 한다. 그러다 얼마 못 가 또 새로운 방법을 찾아 나선다. "그 방법도 별 소용없더라."라고 투덜대며 말이다.

밤낮으로 달리기 훈련을 하면, 그 어떤 재능 있는 러너보다 잘 달릴 수 있다는 것을 알았다. 신기하게도 노력한 만큼 좋아진다. 달리기는 그만큼 정직한 운동이다. 하루를 쉬면 내 몸이 알고, 이틀을 쉬면 코치가 알고, 사흘을 쉬면 함께 달리는 친구가 안다.

나는 달리기를 통해 내 강점을 알게 되었다. 내가 다른 이들보다 오르막길을 더 잘 달릴 수 있다는 것이다. 누구나 오르막길을 싫어한다. 끝없는 오르막을 올려다보면 "올라올 테면 올라와봐!"라고 말하는 듯하다. 그래서인지 나는 오르막에 더 강하다. 평지를 달리는 속도 그대로 감속 없이 오르막을 오른다.

또 어떤 날씨에서 달려야 기록이 더 좋아지는지 알게 되었다. 봄보다 가을에 기록이 더 좋다. 그래서 봄과 여름에는 실내에서 하는 보강훈련에 집중한다. 한 철을 그렇게 보내고 나면, 금세 가을이 온다. 그렇게 한 해의 가을을 달리고 나면, 지난 가을보다 더 빠르고 강해진 나를 만날 수 있다.

내가 오늘 달리기를 하는 까닭은 내일을 더 잘 살고, 1달 뒤를 더 잘 살고, 1년 뒤를 더 잘 살아가기 위해서다. 1달 뒤에 있을 마라톤대회에서 힘들지 않기 위해 오늘 달려두는 것이다. 미래의 나를 위해서 지금 달려두는 것이다.

"지금은 바쁘니까 잠시 미뤄두자. 좀 한가해질 때 열심히 달리면 되지." 같은 핑계는 통하지 않는다.

꾸준히 노력하지 않으면서 바라는 것만 많은가? 노력하고 준비된 자에게 행운과 기회가 따라온다. 좋아하는 일도 마찬가지다. 내가 재밌어하고, 좋아하는 작은 일들을 계속 시도해보고, 얼마나 지속하느냐에 따라 내 삶의 행복이 좌우된다.

인생을 즐기는 달리기의 법칙

"그때 비자가 나왔으면 어땠을까?"

가끔 엄마가 묻곤 한다. 승무원이 됐다면 지금 어떻게 살고 있겠냐는 질문이다. 그럴 때마다 나는 답한다.

"그때나 지금이나 똑같이 어딘가를 달리고 있을 거야. 하지만 승무원이라면 내가 달리고 싶은 곳을 달리는 게 아니라, 회사가 정해준 스케줄을 달리고 있겠지? 당시에는 힘들어서 죽을 것 같았지만, 나는 실패를 다시 경험하고 싶어. 지금 내가 하는 일에 어느 것 하나 도움 되지 않는 것이 없거든."

한때 연극배우로 살고 싶었지만 나는 안정적인 삶을 원했기에 가난한 예술가의 삶을 포기했다. 그렇다고 해서 그 시절이 내게 시간 낭비였을까?

스포트라이트를 받는 것을 즐길 줄 알게 됐다. 망치를 두들겨 무대 소품을 만드는 것쯤은 콧노래를 부르며 혼자 해낼 수 있다. 조명의 전선을 연장하는 일도 척척 해낸다.

20살부터 시작한 연극배우의 경험은 지금 내가 카메라 앞에서 촬영하거나 모델로 설 때 감정을 더욱 잘 표현하도록 도와준다.

여행 인솔자를 할 때는 위기상황에서 당황하지 않고 신속하게 대처하는 기술을 배웠다. 고속도로에서 45인승 버스의 바퀴 하나가 펑 하고 터진다면 당신은 어떻게 대처하겠는가? 이때 익힌 대처 능력이 100여 명을 이끌고 국내 런트립을 할 때 아주 유용하게 쓰인다.

나는 과거보다 훨씬 단단해졌고,
나 자신을 사랑하게 되었다.
그리고 웬만한 역경과 좌절에도 쓰러지지 않는다.
이 모든 것은 달리기가 나에게
가르쳐준 것들이다.

또 승무원을 준비하면서 공부한 영어와 중국어, 서비스 마인드, 환한 미소는 국적과 나이를 불문하고 나를 가장 매력적으로 표현하는 무기가 되었다.

그렇다면, 몸서리치게 싫었던 개발자라는 직업을 통해서 배운 건 무엇일까? 통장에 찍힌 월급보다 함께하는 팀원이 더 소중하다는 것을 배웠다. 그리고 나는 전공을 살리는 것보다 내가 좋아하는 일을 하고 살아야 행복하다는 것을 깨달았다. 즉, 내 삶의 가치관이 뚜렷해졌다.

마케터로 일할 때도 배운 게 많다. 이벤트를 기획할 때 성공으로 이끄는 기획서 작성법과 사회생활에 필요한 겸손을 배웠다.

많은 청춘들이 회사를 다니다 적성에 맞지 않아 금세 퇴사하고, 새로운 일을 시도하고, 또 넘어지기를 반복한다. 나 또한 그랬다. '남들은 잘만 사는데…, 왜 나만 이 모양 이 꼴일까?'

그렇게 생각할 필요 없다. 오히려 여러 분야에서 다양한 일을 경험했기 때문에 누구를 만나도 공통의 관심사를 가지고 자연스러운 대화를 나눌 수 있다.

넘어졌다고 자책할 필요 없고, 남을 원망할 필요는

더욱 없다. 나는 7번의 좌절을 딛고 일어섰기에 7개의 무기를 가진 셈이다. 훗날 반드시 그 무기를 사용하게 될 날이 찾아온다고 믿는다. 지금 나는 그 무기를 더 많이 간직하고 싶어서 새로운 일에 도전한다.

달리기를 하며
집집마다 벨을 눌렀다

러닝 분야에서 이름을 알리면서 사람들을 만날 자리가 많아졌다. 유명한 포토그래퍼 작가님이 나에게 어린 나이에 대단하다고 말하기에, "운이 좋았어요."라고 답했다. 작가님이 말했다. "아니야, '운' 앞에 한 글자가 빠졌어. 너는 운이 좋은 게 아니라 '기운'이 좋은 거야." 그리고 덧붙였다.

"기회는 손 내밀면 잡힐 만큼 가까운 거리에 있어. 다만, 기회를 잡을 만큼 준비된 사람에게만 보이지. 기운이 좋은 사람은 준비를 다해 그때그때 보이는 기회를 놓치지 않아. 우리는 그런 사람들에게 기운이 좋다고 말해."

당신에게는 성공의 잣대가 있나요?

어릴 적 엄마와 함께 미용실에 자주 놀러갔다. 굳이 머리를 하지 않아도 슈퍼 가는 길이나 문방구 가는 길에 들러 미용실 원장님과 시간을 보냈다. 지금은 예약 없이 미용실 문을 여는 일이 어색하지만, 그때는 흔한 일이었다.

나는 거기서 보는 잡지가 좋았다. 파란 눈동자와 금발 머리를 한 언니들이 매끄러운 몸매를 뽐내고 있었다. 뒷장에는 유명인의 인터뷰가 실려 있었다. 내가 잡지를 읽느라 몰두하는 동안, 엄마는 평화롭게 수다를 떨 수 있어 모녀에게 최고의 안식처였다.

잡지에 나오는 것이 내가 생각하는 성공의 기준이 되었다. "성공하면, 나의 이야기가 잡지에 나올까?"

언젠가부터 달리기하는 나의 이야기가 잡지에 실리기 시작했다. 매달 빠지지 않고 1꼭지를 차지하기도 했다. 어떤 달에는 3권의 잡지에 동시에 소개되기도 했다. 그리고 말레이시아 러닝매거진의 커버모델이 되기도 했다. 어떻게 해외잡지 모델이 되었냐고?

말레이시아에 하나둘 팬이 생기고 있었지만, 외국인 러너인 내가 유명할 리 없었다. 먼저 문을 두드렸다. 좋은 기회에 말레이시아에 갈 일이 생겼고, 그냥 다녀오기 아쉬워서 관련 매체가 있는지 찾아보았다. 그때 말레이시아의 한 러닝매거진에 메일을 보냈다. 나의 이력과 목표가 담긴 프로필을 첨부했다. 며칠 후 기적처럼 답장이 왔다. 나를 인터뷰하고 싶다고 했다.

나를 알릴 수 있는 방법들을 알아보지 않고, 행동으로 실천하지 않고, 미리 영문 포트폴리오를 만들어놓지 않았더라면 이런 기회를 잡지 못했을 것이다.

인터뷰 이후 4달을 잊고 지내다, 말레이시아 기자로부터 연락이 왔다. 잡지가 곧 나온다며 사진 1장을 보내주었다. 나는 정말 깜짝 놀랐다. 인터뷰 기사가 작게 실릴 줄 알았더니, 7, 8월의 커버 모델이 되어 있었다. 그 밑에는 이렇게 적혀 있었다. "한국에서 온 러닝 보석."

내가 생각하는 성공에 다가가기 위해 나는 내 삶을 디자인하는 중이다. 중요한 것은 그 길을 내가 직접 다져나가고 있다는 것이다. 잡지에 소개된 수많은 기회 중에서 절반은 내가 인터뷰에 응했고, 절반은 내가 먼저 문을 두드려서 얻어낸 것이다.

지치지 않고 달릴 수 있는 힘

잡지에 실리는 작은 성공으로 용기가 생긴 나는 잡지

칼럼니스트에 도전했다. 서점에 있는 모든 여행 매거진을 꼼꼼히 읽고, 한 편집장님께 내가 쓴 칼럼을 담아 무작정 메일을 보냈다. 그 결과 아웃도어와 여행 매거진에 매달 칼럼을 기고하게 됐다.

내가 좋아하는 해외의 '러닝크루'와 잘 알려지지 않은 한국의 '러닝코스'를 소개하는 글이다. 트레킹 코스를 안내하기도 한다. 직접 코스를 달리며 사진을 찍고, 글을 쓰고 기록하는 작업을 부지런히 해야 한다. 어느새 칼럼이 12개나 나왔다.

글을 쓰고, 사진을 찍고, 모델로 서는 일까지 모두 직접 한다. 덕분에 삼각대를 둘러메고 낯선 길을 달리고 산을 타는 게 익숙해졌다. 많은 사람 앞에서 혼자 사진을 찍는 것도 이제 덤덤하다.

글 솜씨도 점점 느는 것 같다. 어려서부터 글쓰기에 재능이 있었던 것도 아니다. 수능 모의고사 언어영역은 6등급이었으니 국어에 관심이 있던 것도 아니다. 누가 글쓰기를 연습하라고 강요한 것도 아니고, 보상이 주어져서 시작한 일도 아니었다. 내가 좋아하는 일을 하다 보니 하기 싫은 일도 좋아서 하게 했다.

말레이시아에서 잡지모델을 한 것이 계기가 됐을까? 나는 코타키나발루 관광청으로부터 초청을 받았다. 황

"The run started in the dark, but as I ran, I saw the sky turning brighter. The feeling of running in the vibrant sky would not be felt elsewhere in the world. I ran on an open highway! I felt that all the stress was blowing away. The refreshing air made me breathe deeply as I moved every step forward. I saw the Petronas Twin Towers and KL Tower, the skyscrapers of Kuala Lumpur. Malaysia's scorching weather was no longer an issue. Being able to chance a mutual interest as the other runners was a significant moment to be playing a part in, together," Jungeun reminisced the experience.

Despite traveling alone in a foreign country, she was captivated by the friendliness and warmth of Malaysians. During that stay-over in Kuala Lumpur, she met up with Kyearun knew for a casual running session. Even with limited foreign language skills, embarking on a running vacation allowed her to experience the cultural diversity.

On the other hand, runners who are more reluctant to venture out on their own, the running gem from Korea would recommend them to firstly explore Han River, the longest river in Korea. "They can run through the capital city of Korea and feel the cold breeze while they run. Running at night, they can also watch the picturesque and scintillating night view," Jungeun suggested.

The next big challenge for Jungeun will be the TMBT Ultra Trail in this September and Trans Jeju in October. She is hoping to partake in the Standard Chartered Kuala Lumpur Marathon in 2018, her most-anticipated event in Malaysia. Whether you are thinking of running your first mile or training for your first marathon, listening to the story of this avid runner offers a major boost of inspiration across the globe.

As a sport, running lives up to its reputation to impel more people to step out of their comfort zones. As a running evangelist, Jungeun An all a Toroollbe undoubtedly lives up to her reputation of being the running gem from Korea.

홀한 석양을 자랑하는 휴양지를 달리며 '러닝투어'를 하고, 인터뷰를 마쳤다.

때마침 이런 일에 관심이 많았던 국내 방송사와 라디오, 지방자치단체에서 연락이 왔다. 덕분에 KBS '영상 앨범 산'에 출연하기도 하고, 지자체와 '토토의 런트립'이라는 프로그램을 기획, 운영하면서 초보 러너들과 함께 런트립을 다녀오게 됐다. 군산, 영월 등 전국을 달리며 우리나라의 아름다운 곳들을 알리는 일인데, 지금은 대기자가 넘쳐날 정도로 인기가 좋다.

나는 시간과 에너지를 투자해 여기저기 문을 두드렸고, 문 앞에서 열리기만을 간절히 기다렸다. 때로는 문 앞에서 울기도 하고, 문전박대를 당하기도 했다. 10군데를 시도하면 1군데가 간신히 되기도 했다.

쉬운 길은 없었다. 그러나 어떤 결과든 헛수고는 아니었다. 왜냐하면, 내가 이직을 7번 한 것처럼 그 결과들이 하나씩 쌓여 자산이 되었기 때문이다. 그리고 그것들은 내게 끊임없이 새로운 기회를 가져다주었다.

도전 과정에서 얻는 것이 있는 만큼 포기해야 할 것들이 생겨났다. 쌓여가는 메달의 무게만큼 고개를 숙인 채 겸손해야 하는 법을 알았다. 하지만 지금껏 수만 km

를 달리고, 칠흑 같은 산길을 달리며, 나아갈 마음만 있다면 어디든 나아갈 길이 있다는 것을 몸소 배웠다.

내가 가슴에 새겨둔 말이 있다. "아무것도 하지 않으면 아무 일도 일어나지 않는다.", "넘버 원이 되기보다 온리 원이 되자." 내가 계속해서 칼럼을 쓰고, 런트립을 기획하고, 더 먼 거리를 달리게 된 원동력이다.

이토록 황홀한 러너라면!

당신이 러닝을 한다면 이런 목표를 가지게 될 것이다.

- 어제보다 딱 1km 멀리 달리기
- 어제보다 km당 1초 더 빠르게 달리기

딱 5분만 더 달리면 1km를 더 달릴 수 있다. 10km를 달린다고 가정했을 때 10초 빠르게 달리면 km당 1초를 단축할 수 있다. 5분 더 달리기와 10초 단축하기는 실로 거대한 변화다. 쉬울 것 같지만, 결코 쉽지 않다. 이를 악물어야 한다. 그렇게 해야만 겨우 성공할 수 있다.

그 성취감은 어마어마하다. 매일 작은 목표를 달성하면, 매일 성공하는 셈이다. 뿌듯함을 한 아름 안고 포근한 이불 아래에 누워 오늘 하루를 되새김하면 '이렇게 멋진 하루가 또 있을까!'라는 생각이 든다. 슬쩍 미소가 지어진다. 오늘도 성공했다는 자신감이 내일을 달릴 수 있게 만들어준다.

'성공의 습관화'가 중요하다. 한 번 성공한 사람은 항상 성공하는 사람이 되고, 성공할 수밖에 없는 사람이 된다. 성공의 법칙을 알기 때문이다. 아주 작은 것부터 성공해서 그 성취감을 느껴봐야 안다. 작지만 확실한 성공 경험이 지금의 나를 111km 이상을 달릴 수 있게 만들었다. '근거 있는 자신감' 덕분에 나는 더 이상 도전하는 일이 두렵지 않다.

이 습관은 일상에서 이렇게 써먹을 수 있다. 어제보다 책을 1쪽 더 읽기, 영어 공부 5분 더 하기, 나를 조금 더 사랑하기.

투자하는 시간은 5분이지만, 달리기처럼 습관이 되고 나면 내일도, 모레도 반복할 수 있다. 성취해내고, 행복해지고, 성장해나간다. 그러다 보면 어느새 크게 달라져 있는 나를 발견한다.

내가 했으면, 당신도 할 수 있다. 하고 싶은 게 있다면, 망설이지 말고 문을 두드려라. 문을 두드렸을 때 곧장 열리지 않아도 괜찮다. 안에서는 밖에 어떤 사람이

서 있고, 어떤 준비를 하고 있는지 언젠가 알게 되니까. 근사한 저녁상이 차려지면 생각지도 못한 때에 초대장을 보내올 것이다. 그때 맛있게 먹기만 하면 된다.

지금 이 시간에도 달리고 있을 러너들은 몸이 아니라 마음을 단련하기 위해 계속 달린다. 어느 정도 달리면 그들의 몸은 거친 세상을 살아가기에 충분히 건강해진다. 그들이 계속 길 위를 달리는 것은 인생을 좀 더 잘 살기 위해서다. 인생을 풍요롭게 하는 이토록 멋진 달리기라면, 한번 달려보고 싶지 않은가?

달리기만 했을 뿐인데 인생이 바뀌었다.
뚱뚱했던 사람이 몰라보게 날씬해졌느냐고?
그것은 잡지책에 딸려 오는 부록에 불과하다.

적어도 삶을 대하는 태도가 바뀌고,
그 태도로 인해 만나는 사람들의 범주가 달라져야
인생이 바뀌었다고 말할 수 있지 않을까?

내가 달릴 수 있을까?

조금만 달려도 숨이 차는데, 어떻게 1시간을 달리냐고?
당신도 할 수 있다. 단, 시작이 중요하다. 올바른 러닝화
선택부터 달리는 속도, 유의사항을 소개한다. 이 팁들은
당신을 러닝의 세계로 이끌고 새로운 삶으로 인도한다.
하루 30분만 투자하자.

Q 하루에 몇 km를, 얼마나 자주 달려야 하나?

A 달리기의 시작은 '걷기'다. 거리나 시간, 자세에 대해 생
각하지 말고 걷기부터 시작하자. 매일 달리는 러너도 매
일 걷는 것부터 시작한다. 고통스럽게 운동하는 것보
다 천천히 걸으며 러닝의 즐거움을 찾는 것이 핵심이다.

20~30분간 약간 땀이 날 정도로 걷는다. 기분 좋은 느낌을 끌어올리기 위해 좋아하는 음악을 듣는 것도 좋다. 걷기가 편해지면 빠른 걸음으로 걷자. 1주일에 3, 4일 정도가 좋다.

이때 지속성의 힘이 발휘된다. 매일 걷다 보면 빠르게 걸을 수 있고, 숨차지 않고 긴 거리를 걷게 된다. 걷기에 익숙해지고 몸이 가벼워지는 것이 느껴질 때 달리면 된다.

Q 달리는 속도는 어느 정도가 적절한가?

A 조깅이 조금은 익숙해졌는가? 함께 달리는 사람과 편안하게 대화를 나눌 수 있는 속도를 조깅 페이스라고 한다. 사람들이 앞서가도 조급한 마음에 무리하지 말자. 조깅한 후에는 천천히 호흡을 고르며, 스트레칭으로 마무리 운동을 한다.

갑자기 운동하고 싶지 않은 날이 있다. 몸이 아픈 것도 아닌데 이유 없이 몸이 무겁다면, 하루쯤 운동을 쉬어도 괜찮다. 몸이 따라주지 않음에도 출석 압박에 시달려 계속 달리다 보면, 러닝의 즐거움을 잃게 된다.

하루 30분 달리기라는 흐름을 잊지 않는 것이 속도를 계산하는 것보다 더 중요하다. 삼시 세끼를 먹는 것처럼 달리기는 일상이 되어야 한다.

Q 내게 맞는 러닝화를 구입하려면?

A 러닝화만 잘 골라도 기록이 단축되고, 부상을 입을 확률이 줄어든다. 달렸을 때 몸에 통증이 있으면 신발 탓일 수 있다. 나에게 맞는 러닝화는 어떻게 고를까?

첫째, 사이즈가 중요하다. 양말을 신고 신발을 신었을 때 발가락 앞에 1cm 정도 여유 공간이 있으면 된다. 겨울에 신을 러닝화라면, 양말이 두껍기 때문에 한 사이즈 더 큰 것을 구매한다. 두 발 중 더 큰 발에 신발 사이즈를 맞추자. 그리고 발의 길이보다 폭을 맞추는 게 더 중요하다.

둘째, 신체와 달리기 주법에 맞는 것을 선택한다. 요즘은 스포츠 매장에서 발 사이즈를 측정하고, 발의 모양과 달리기 주법에 따라 내게 맞는 신발을 고를 수 있다. 무릎에 자주 통증을 느끼는 사람은 신발 자체가 뒤틀리지 않고 발을 단단하게 잡아주는 것이 좋다. 무릎이 안 좋다면 쿠션이 있는 안정화가 좋다.

셋째, 매장에서 반드시 2켤레 이상 신어보고 선택한다. 비싸다고 다 좋은 것은 아니다. 모두가 좋다고 추천했던 신발을 신고 나는 발바닥에 부상을 입어 오랫동안 고생했다. 좋은 러닝화는 브랜드나 가격보다 나에게 잘 맞는 신발이다.

Q 러닝화를 오래 신는 관리법이 있다면?

A 젖은 러닝화를 그대로 두면 모양이 쉽게 변한다. 미지근한 물에 연성세제를 넣어 손으로 세탁한 후, 그늘에 말리면 된다. 이때 젖은 신발을 헤어드라이어로 말리면 안 된다. 헤어드라이어의 열로 인해 신발 모양에 변형이 일어날 수 있다.

러닝화를 2개 구입해 번갈아가면서 착용하는 것이 좋다. 미처 쿠션이 돌아오지 못한 러닝화를 신고 또 달린다면, 그만큼 운동화의 수명이 단축된다. 쿠션이 돌아올 충분한 시간을 만들어주자.

PART 2

어떻게 강철 체력을
만들 수 있을까?

메달을 목에 걸고 여의도 한복판을 거닐면 수많은 사람 중에서 내가 가장 멋져 보인다. "해냈구나!"라는 생각이 들면서 어깨에 힘이 들어간다. 내가 세상에서 가장 체력과 정신력이 강하고, 값지고 활기찬 주말을 보내고 있는 것 같다. 이 시대에 진정한 '열정 아이콘'이 된 것 같다.

엄마, 이제 나는 웬만한
남자보다 체력이 좋아!

　　　　　직장 다닐 때의 일이다. 달리기를
시작하고 가장 뿌듯할 때가 출근 시간이었다. 구두를
신고 핸드백을 움켜쥔 채 한참을 달려도 숨이 차지 않
았다.

　들어오는 열차를 놓치면 지각할 것이 분명해 전속력
으로 달렸다. 계단을 2칸씩 성큼성큼 뛰어올라도 전혀
숨차지 않았다. 무사히 지하철에 올라 '이제 심호흡해야
지.'라고 생각했다.

　그런데 어라? 내 심장은 멀쩡했다. 예전과 다르게 헐
떡이지 않는 내 모습이 자랑스럽기도 하고, 그동안 흘
린 땀방울들이 이제야 빛을 발하는 것 같아 뿌듯했다.

가만히 나의 개인기록을 생각해보니, 이제 나는 웬만한 남자보다 체력이 좋다.

폐에 문제가 있다고?

지금은 풍경을 여유롭게 감상하고, 바람을 느끼며 셀프 영상을 찍을 정도로 달리기를 즐긴다. 하지만 처음부터 달리기 좋은 신체는 아니었다.

고등학생 시절, 양호 선생님께 호출되어 양호실에 갔다. 신체검사에서 폐에 이상이 보인다고 했다. 큰 병원을 가서 정밀검사를 받아보라는 의견이었다.

폐에 구멍이 생길 수도 있다는 것을 17살에 처음 알았다. 폐에 여러 군데 상처가 났고, 그로 인해 구멍이 생겼다고 한다. 폐의 구멍을 통해 공기가 새어나가면서 폐를 압박하게 되고, 그로 인해 폐가 심하게 수축되어 있었다.

갑작스레 가슴에 통증이 오거나, 호흡곤란이 올 수 있다고 했다. 그나마 다행인 것은 상처가 자연스레 아물어 흔적 정도만 보인다고 했다. 그러나 항상 주의와 관심이 필요했다. 평생 계단을 오르내리거나 달리는 것이 몸에 무리가 갈 거라고 했다.

이런 신체를 가졌음에도 나는 풀코스를 완주했다. 최

소 100km 이상을 달리는 울트라마라톤 또한 완주했다. 달리기는 꼭 신체가 건강한 사람만 도전할 수 있는 게 아니라는 증거다. 남들보다 약한 폐 덕분에 지금 나는 누구보다 단단한 허벅지를 가졌으니까.

"엄마, 운동을 줄이라뇨!"

나는 매일같이 땡볕에서 달리다 보니 뽀얀 피부가 어느새 까매졌다. 꽃무늬 원피스보다 온몸에 착 달라붙는 레깅스를 더 자주 입었다. 뾰족 구두는 신발장의 가장자리 한구석으로 밀려나 먼지가 쌓여갔다.

부상이 잦아지자, 부모님은 운동을 줄이라고 하셨다. 폐가 건강하지 않은 딸이 혹시나 다칠까 염려됐을 것이다. 나는 부모님의 걱정을 덜어드리기 위해 강원도 정선으로 부모님을 초대했다.

근사한 축제나 볼거리가 있는 것은 아니었다. 오일장이 열리는 것도 아니었다. 내 인생에서 가장 기념비적인 축제긴 했다. 강원도 정선의 한 리조트에서 트레킹 코스를 달리는 '하늘길 트레일러닝' 대회가 열렸다.

처음으로 부모님께 달리는 딸의 모습을 보여드리는 기회였다. 가족들과 함께 설렘 반, 걱정 반인 마음을 끌어안고 차를 타고 3시간을 이동했다. 차 안의 공기는 그 어느 때보다 들떠 있었고, 엄마의 신발은 그 어느 때보다 화려한 노란색이었다.

평소와 별 다를 바 없는 대회장의 모습이었다. 다른 점이라면 가장 소중한 가족이 곁에 있다는 것이다. 부모님께 내가 함께 달리는 친구들을 소개하고, 그들에게 나의 부모님을 소개했다. 초등학생 시절, 부모님을 학예회에 초대하는 것처럼 가슴이 두근거렸다.

예정 시간보다 1시간 10분이나 늦게 피니시 라인에 도착했다. 즉, 부모님께서 1시간 10분이나 나를 기다렸다는 이야기다. 핸드폰 없이 맨몸으로 달리니, 조금 늦는다고 전할 수도 없었다. 기다리는 부모님을 생각하며 두 손으로 한쪽 다리를 들어 옮기다시피 하며 완주했다.

처음부터 끝까지 부모님만 생각하며 달린 대회는 처음이었다. 완주해서 꼭 만나야 할 사람이 있다는 것이 너무나 행복했다.

피니시 라인에 다다르자 수백 명의 사람들이 보였다. 그리고 그 사이에서 부모님의 얼굴이 가장 먼저 보였다. 오랜 시간 서 있는 게 힘들어 지쳤을 법도 한데, 고개를 빼꼼 내밀고 나만 찾고 계셨다. 딸을 발견하곤 세상에서 가장 반가운 표정을 지으셨다.

나 홀로 두발자전거 타기에 성공했을 때 부모님이 뒤에서 이런 표정을 지으셨을까? 피니시 라인보다 훨씬 더 앞까지 나와 나를 안아주는 부모님을 보자 마음이 뭉클해졌다.

집으로 돌아오는 차 안에서 백미러에 비친 아빠의 얼굴을 슬쩍 보았다. 그 어느 때보다 온화한 미소였다. 마라톤을 완주한 나보다 훨씬 신이 나서 말씀하셨다.

"모든 사람이 하나같이 웃고 있더라. 주말마다 이렇게 건강한 사람들을 만나며 건강한 에너지를 얻고 있었구나. 덕분에 아빠도 건강한 자극 많이 얻어간다. 다음에 또 초대해줘."

가족 간의 유대와 사랑이 더욱 단단해짐을 느낀다. 이제 아빠는 내가 달린 마라톤 이력을 줄줄 외우신다. 모임이 있을 때마다 딸 자랑을 늘어놓으신다. 아빠 친구들은 이제 그만하라며 질투 섞인 말투로 묻는다. "매주 그렇게 달리면 딸 얼굴은 언제 봐?"

하지만 달리기를 시작하고 나서 가족들과 함께하는 시간이 더 많아졌다. 일요일 오전이면 일찍 일어나 마라톤대회에 참가한다. 아침 8시나 9시에 대회가 시작되니까, 낮 12시면 집으로 돌아온다.

가족들과 둘러앉아 맛있는 점심식사를 하면서 1주일간 있었던 일들을 공유한다. 이런 시간이 일상으로 자리 잡았다. 예전에는 주말마다 늦은 오후까지 늘어지게 낮잠을 자거나, 친구들을 만나러 일찍 집을 나갔다. 우리 가족의 삶의 패턴이 완전히 바뀐 것이다.

지금보다 더 행복해지고 싶다면

마라톤이야말로 모든 가족이 즐길 수 있는 운동이 아닐까 싶다. 아빠를 응원 나온 토끼 같은 두 딸, 엄마와 함께 달리는 초등학생 아들, 50세가 훌쩍 넘은 엄마와 함께 달리는 아들, 딸과 사위를 응원 나온 어머니….

달리기를 하다가 힘든 순간이 오면 피니시 라인에서 나를 기다리는 사람들과 집에 있는 가족들을 생각한다. 이 얼굴들을 생각하면 한 발짝이라도 더 힘내서 달릴 수 있다. 그 어느 때보다 사랑하는 사람들의 존재에 대해 더 많은 생각을 하게 된다.

나와 같은 아파트 단지에 사는 한 마라토너가 있다. 아내와 두 아이가 있는 가장이다. 과거 90kg이 넘었던 그의 몸은 믿기지 않을 만큼 날씬하고 탄탄하다.

같은 아파트에 살다 보니 그분을 자주 마주친다. 마

하려는 일이 뜻대로 안 될 때
무엇이 문제인지 감조차 서지 않을 때
거리를 달려보면 문득 해결책이 떠오를 때가 있다.
피가 돌고 세포가 숨 쉬면서
인생에도 숨통이 트인다.

라톤대회가 끝날 때면 종종 아내와 두 아이가 대회장으로 와 함께 점심식사를 한다고 한다. 그리고 양평, 평창, 오사카 등지에서 열리는 마라톤대회에 참석하러 다니며 가족 여행을 자주 하게 되었다고 덧붙였다. 자랑하듯 말하는 그의 얼굴은 참 행복해 보였다.

어느 날 아내와 함께 대회장으로 이동하는 그의 뒷모습을 보았다. 운동복을 입은 아내를 보니, 남편과 함께 달리기로 한 것 같았다. 그분도 자기의 취미를 사랑하는 사람에게 보여주고 싶었을 것이다. 그리고 그 취미를 가족들과 같이 하면 좋겠다고 생각했을 것이다.

운동을 시작하면, 이들처럼 가정에 평화가 찾아온다. 이는 우연이 아니다. 여러 저널에서 달리기가 정서적 안정에 미치는 영향이 보고되고 있다.

'세로토닌'이 분비되기 때문이다. 흔히 말하는 행복호르몬인데, 마음의 안정을 높여준다. 또한 우울증 예방 약물로 사용되는 아미노산의 분비를 자극해서 스트레스를 완화하는 데 도움을 준다.

따라서 기분이 우울할 때, 약을 먹거나 잠을 자기보다 몸을 움직이는 것이 좋다. 감자 칩 대신 운동화를 집어보자. 풀냄새를 맡으며 거리를 거닐어보자. 점차 몸이 가벼워지는 것을 느낄 수 있다.

"백화점 기둥에 걸린
이 사진, 정은 씨 맞죠?"

"정은아, 네 사진이 인천공항 면세점 101번 게이트 앞에 있어!"

어느 날, 나는 스포츠브랜드의 모델이 되어 있었다. 더 놀라운 것은 스포츠와 관련이 전혀 없는 곳에서도 계속 모델 제안이 들어왔다. 하루는 자동차 회사의 모델 제의를 받고 두 눈을 의심했다. "미국 브랜드 지프 JEEP의 신제품 출시에 따른 모델 섭외를 요청합니다."

평소 드림카로 꼽던 브랜드기도 하고, 광고 콘셉트가 마음에 들어 당장 촬영을 진행하자고 했다. 콘셉트는 다음과 같다. "Urban Adventurer." 말 그대로 나는 '도시의 모험가'였다. 게다가 신제품 전시장에 내 화보를 거대한 액자로 만들어 전시한다고 했다.

촬영은 성공적으로 진행되었고, 전시도 매끄럽게 진행되었다. 산이고, 들이고, 바다고 거침없이 달리는 나의 모습이 브랜드의 이미지와 잘 맞았다고 했다. 나의 사진이 신제품 전시장에 걸린 모습을 보니, 이 도전을 멈추지 말아야겠다는 생각이 들었다.

그 전에도 자동차 광고 모델을 한 적이 있다. 폭스바겐의 "New Beginning."이다. 새로운 인생을 출발하는 이들에게 폭스바겐이 응원의 메시지를 보내는 캠페인이었다. 그 후로 자동차 광고를 한 번 더 진행했다. 현대자동차의 아이오닉이다.

세상에서 가장 긴 달리기, "롱기스트 런Longest Run."이라는 마라톤 행사까지 겸하는 거대 프로젝트였다. 모델로서 화보촬영을 진행했고, 오프라인 러닝 이벤트를 주도적으로 진행하기도 했다. 자동차 회사에선 나를 '강철체력', '모험가', '장거리 러너'라는 이름들로 부르고 있었다.

오래 달려도 예뻐 보이고 싶은 마음

"땀에 녹아내리지 않는 선크림을 추천해주세요."

"10km를 달려도 어떻게 화장이 무너지지 않죠?"

실제로 가장 많이 받는 질문들이다. 그러다 보니 자동차 업계뿐 아니라 화장품브랜드에서도 꾸준한 러브콜을 받았다. 달리면서도 예뻐 보이고 싶은 마음은 다 같기 때문일 것이다.

내가 처음부터 잘 달릴 수 있는 체력이 아니었듯이, 처음부터 좋은 피부를 가진 것도 아니었다. 사춘기 시절에는 얼굴에 항상 여드름이 있었고, 피부 좋다는 소리 한번 듣지 못했다. 평생 못 듣고 살 줄 알았다.

그런데 달리기를 시작하고 바뀌었다. 달리기 전날에 술자리를 금하고 일찍 잠자리에 들었다. 그러면 다음 날 몸이 깃털처럼 가벼워지는 느낌이 들어 좋았다. 처음 느껴보는 감정인데 썩 나쁘지 않았다.

스스로 과식을 금하고 건강한 생활을 하게 되니, 자연히 피부가 좋아졌다. 달리기는 전신운동이어서 온몸에 고루 땀이 나고, 살이 빠진다. 어느 부분을 더 빼고 덜 빼고 할 것 없이 골고루 슬림하게 빠지도록 도와준다. 건강한 음식을 섭취하니 피부의 재생속도가 빨라졌고, 늘 운동을 하니 요요도 없었다.

외적인 모습 뿐 아니라 내면의 아름다움을 가꾸려는 고객의 니즈에 맞춰 이너 뷰티에 대한 강연도 진행했다. 피부가 안 좋던 내가 달리기 덕분에 피부 관리법과

뷰티에 대해 강연하게 된 것이다.

갑자기 큰 인기를 얻게 된 계기가 있었던 것은 아니다. 뛸 수 있는 곳이라면 제주도, 아프리카를 가리지 않고 무조건 갔고, 뛰는 사람들이 모이는 곳이라면 어디든지 향했다.

꾸준하고 성실하게 SNS에 달리는 사진을 올리고, 체력을 단련해 개인기록을 향상시켰더니 여기저기서 관심을 가져주었다. 그리고 인기를 끌면서 광고가 들어오기 시작했다.

급기야 마라톤대회의 홍보모델이라니!

달리기를 시작한 사람들은 달릴수록 점점 더 잘 달리고 싶어 한다. 더 달리고 싶지만, 숨이 턱 막히고 다리가 움직이지 않을 때 사람들은 감사하게도 나를 찾아주었다.

"안정은처럼 잘 뛰고 싶다.", "안정은처럼 건강하게 오래 달리고 싶다."는 바람으로 나와 함께 달리면서 조금 더 먼 거리를 달리게 되었다. 영화 〈포레스트 검프〉의 주인공처럼 말이다. 우리는 모두 함께 성장했고, 점점 많은 러너들이 자신의 한계를 이겨내기 위해 나와 함께 러닝의 세계로 뛰어들었다.

이제는 SNS를 통해 매일 10만 명 이상의 팔로워들과 소통하고 있다. 내가 신은 신발, 옷, 헤어밴드뿐만 아니라 먹는 것, 바르는 것, 달리는 장소까지 관심을 받게 되었다. 그러다 보니 마라톤대회의 홍보모델 제안이 들어왔다.

마라톤대회의 취지를 알리고, 대회를 시작하기 전에 참가자들과 단체 스트레칭을 하고, 개인 부스를 방문해 여러 가지 조언을 한다. 물론 대회도 같이 뛴다. 자연히 대회 참여율이 올라가고 러너들의 반응이 좋다 보니, 마라톤사무국에서 재의뢰를 많이 해온다.

다양한 브랜드와 스포츠 모델 활동을 진행하면서 깨달은 점은 달리기가 모든 사람을 감화시키기 좋은 운동이라는 것이다. 나는 SNS를 통해 달리기로 살을 빼고, 건강을 되찾고, 더 예뻐지고, 스트레스에서 해방된 사람들의 메세지를 수없이 받는다. 나는 달리기를 통해 강철 체력을 갖게 됐을 뿐 아니라, 어느새 러닝을 전도하는 사람이 되어 있었다.

달리기로 피부와 몸매를 가꾼다고?

뷰티 강연에서 가장 많이 궁금해 하는 질문들이다. 어떻게 달려야 효과적으로 살을 뺄 수 있는지, 달리면 피부나 가슴이 처지지 않는지, 허벅지와 종아리가 두꺼워지지 않는 비법이 있는지 등이다. 나만의 비법을 모두 소개한다.

Q **뱃살이 쏙 들어가고, 늘씬한 허리 라인을 만드는 방법이 있나?**

A 아침저녁 상관없이 '하루 30분 달리기', '하루 1끼 샐러드 먹기'로 식단을 조절하면 기적처럼 뱃살이 사라진다. 나는 1주일만 이런 생활을 유지해도 몸의 변화를 느낀다. 효과를 높이고 싶으면 '하루에 물 2L 마시기', '에스컬레이터 대신 계단 이용하기'를 더해보자.

허리 라인을 예쁘게 만드는 팁을 소개한다. 의식적으로 복근에 힘을 주고 달려보자. 뱃속 코어근육이 강화되면서 달리기 자세가 좋아지고, 탄탄하고 아름다운 허리 라인을 가질 수 있다. 옆구리를 늘려주는 스트레칭으로 마무리하자. 레깅스만으로 당당한 몸매를 뽐낼 수 있다.

Q 달리면 허벅지가 두꺼워지지 않나?

A 허벅지 둘레를 줄이기에 달리기만 한 운동이 없다. 허벅지 안쪽, 바깥쪽이 군살 걱정 없이 골고루 빠지고, 다리를 들어 올리는 힘으로 근력이 강화되니 허벅지가 이보다 더 탄탄해질 수 없다. 종아리가 두꺼워지는 것이 염려된다면, 러닝 후 종아리 스트레칭을 통해 뭉친 근육을 그때그때 풀어주자. 다음 날 훨씬 가벼운 아침을 맞이할 수 있다.

Q 달릴 때 화장이 무너지지 않는 방법이 있다면?

A 땀이 최대한 흐르지 않게 예방하는 것이 달리면서 아름다움을 유지하는 가장 쉬운 방법이다. 헤어밴드를 사용하면, 이마로 흐르는 땀을 막을 수 있다. 스포츠브랜드 매장에 가면 형형색색의 헤어밴드가 있는데, 멋진 패션 소품으로 활용할 수 있다!

땀이 흘러서 눈이 따갑다면 선크림을 눈 아래만 바르는 것도 방법이다. 모자를 착용하면 눈 아래까지 햇볕이 차단돼서 눈 주위만 새카맣게 탈 염려가 없다.

나는 달릴 때 얼굴이 무거워지는 걸 좋아하지 않아서 스킨, 로션에 비비크림과 쿠션만 바른다. 지속력이 뛰어난 쿠션이나, 스포츠용·러너 쿠션을 추천한다(에디터스 픽 글램 업 쿠션을 검색해보자).

Q 땡볕 아래를 달리는데, 어떻게 뽀얀 피부를 유지하나?

A 달리기 전보다 달린 후에 피부 관리가 더욱 중요하다. 달린 직후에는 땀을 배출하기 위해 모공이 열리기 마련이다. 모공이 열린 채로 오랜 시간이 지나면, 피부가 탄력을 잃는다. 최대한 빠른 시간 내에 세안해서 열린 모공을 닫아주는 것이 가장 좋다.

나는 200mL 우유 1팩을 꼭 챙겨서 마라톤대회 후에 마무리로 우유 세안을 한다. 1차 세안 이후 깨끗해진 민낯에 우유를 마사지하듯 부드럽게 문지르고 손으로 가볍게 두들겨 흡수시킨 후, 물로 씻어낸다. 피부진정 효과와 미백 효과가 뛰어나다. 상황이 여의치 않다면 미스트를 사용한다.

Q 스포츠 브라, 꼭 착용해야 하나?

A 많은 여성 러너가 스포츠 브라를 착용하지 않는다. 반드시 자신에게 맞는 스포츠 브라를 착용해야 한다. 여기서 체크해야 할 사항은 2가지다. 나에게 맞는 사이즈인가? 운동 강도에 따른 올바른 지지력을 갖췄는가?

가슴이 크건 작건 여자의 가슴은 지지해주는 근육이 전혀 없다. 또한 가슴 조직은 그 주변을 둘러싼 지방보다 더 무거운 지방으로 구성되어 있다. 쿠퍼 인대가 가슴을 일정한 모양으로 유지시켜주고, 처지는 것을 방지한다. 쿠퍼는 쇄골 부근에서 가슴을 당겨주는 일종의 섬유조직으로, 노화가 시작되면서 점차 탄력이 없어지고 가슴이 처지게 된다. 한 번 손상된 쿠퍼 인대는 수술이나 시술로 돌이킬 수 없다. 당장 스포츠 브라를 사러가자.

Q 생리할 때 달려도 괜찮나?

A 생리 중 가벼운 달리기는 몸을 더 건강하게 만들어준다. 땀을 배출해 온몸의 부종을 가라앉히고, 운동할 때 나오는 엔도르핀은 생리 중의 스트레스나 두통, 생리통을 줄여준다. 하지만 생리기간에는 신진대사가 원활하지 않아 체력이 약한 상태다. 무리하지 않는 선에서 가볍게 달리는 것이 좋다.

똑똑한 두뇌는
달리기로 완성된다

내가 42.195km를 달리게 되고, 힘들 때마다 더 긴 거리를 달릴 수 있게 된 것은 달리기를 통해 활력이 넘치고 두뇌가 활성화된 덕분이다.

달리기와 두뇌가 무슨 관련이 있냐고? 신체활동이 학습능력과 기억력에 어떤 영향을 미치는지 알아보는 실험이 있었다.

참가자들을 두 그룹으로 나눠 첫 번째 그룹은 '달리기'와 '컴퓨터 게임'을 하게 했다. 두 번째 그룹은 '컴퓨터 게임'만 하게 했다. 시간이 흐른 뒤, 두 그룹이 다시 게임을 하게 해서 실력이 얼마나 향상됐는지 확인했다. 매일 테니스를 연습하면 동작이 좋아지듯이 컴퓨터 게

임도 투자한 시간만큼 실력이 좋아지는 것이 당연하다.

실력이 얼마나 더 향상되었을까? 컴퓨터 게임을 하기 전에 달리기를 했던 그룹의 실력이 훨씬 뛰어났다. 게임을 연습한 총 시간과 관계없이 약간의 신체활동이 게임을 더 잘 학습할 수 있도록 도와준 것이다.

어떻게 이런 일이 가능할까?

새로운 기술을 습득하고 짧게는 몇 분에서 24시간까지 '기억응고 현상'이 일어난다. 피아노를 배웠든 컴퓨터 게임을 했든 그 기억들이 단기기억에서 장기기억으로 전환되는 과정에서 기억을 고정시키는 것이다.

가령 새로운 피아노곡을 배웠다고 하자. 1분간 쉬었다가 다시 곡을 연주하면, 잘 기억할 수 있다. 하지만 그 곡을 내일도 기억할 수 있을까? 이는 단기기억이 장기기억으로 얼마나 강하게 각인되는지에 따라 달라진다.

골프장에 가기 전에 달리기를 하면 골프 스윙을 더 효과적으로 배울 수 있다는 의미다. 기타 연습을 하기 전에 달리기를 하면 그날 배운 연주곡을 더 오래 기억할 수 있다는 의미다. 달리기가 초능력을 발휘할 수 있는 걸까? 이 마법 같은 효과는 언어를 배울 때도 똑같이 적용되는 것으로 나타났다. 원리는 이렇다.

해마는 단기기억을 장기기억으로 전환하는 중요한 역할을 한다. 운동을 하면 해마에서 BDNF뇌신경 성장인자를 마구 분비하고, 이것은 뇌세포 사이의 연결을 강화한다.

달리기는 BDNF를 분비하는 가장 강력한 촉진제이며, 뇌세포의 생성과 성장을 돕는다. BDNF는 시냅스 근처의 저장소에 모여 있다가 운동으로 혈액순환이 빨라지면 방출된다. 즉, 달리기를 하면 기억력이 좋아진다. 뇌세포를 더 강력하고 오래갈 수 있도록 만드는 것이다.

공부 머리는 따로 있다고? 그렇지 않다! 하지만 공부하기 위한 신체는 따로 있다. 미국 일리노이대학 찰스 힐만 교수팀은 9, 10세 어린이 49명을 대상으로 신체 건강도를 테스트했다.

그 결과 신체가 건강한 어린이는 기억력을 관장하는 해마가 다른 아이보다 12% 컸다. 기억력 테스트 점수도 훨씬 높게 나왔다. 신체가 건강할수록 기억력이 좋고, 뇌에서 기억을 담당하는 해마의 부피도 더 컸다. 그렇다면 달리기와 기억력 사이의 직접적인 사례를 들어보겠다.

'데일리마일Daily Mile'이라는 프로그램을 아는가? 영국의 한 초등학교에서 학생들에게 매일 15분씩 달리게 했다. 꼭 1mile1.6km을 채울 필요는 없다. 힘들면 걷다가 다시 뛰도록 했다. 그 결과 아이들은 체력이 좋아졌을 뿐 아니라, 놀랍게도 눈에 띄게 똑똑해졌다!

보고에 따르면 참가자 400여 명의 체지방량이 평균 4% 줄었으며, 영국 정부가 주관하는 학업성취도평가에서 기준치 이상 점수를 받은 학생이 전국 평균보다 과목별로 14~26%p씩 많아졌다. 하루 15분 달리기 프로그램은 6년이 지난 지금 전 세계 36개국, 7,000여개 학교에 퍼질 정도로 효과를 인정받고 있다.

공부하는 뇌는 운동화를 좋아한다

해마는 인체에서 학습, 기억을 담당하는 기관이다. 이는 나이가 들면서 자연스럽게 노화되고 위축된다. 그러나 정기적으로 걸으면 해마를 강화시킬 수 있다. 주 2회씩 조깅하면 뇌가 자극되어 인지작업 및 인지학습 능력이 좋아진다. 다시 말해 달리기를 통해 기억력이 향상되는 것이다.

일리노이대학에서 55~80세 노인 중 절반은 1주일에 3번씩, 40분간 걷게 했다. 나머지는 웨이트 트레이닝,

요가, 스트레칭 같은 근육운동만 하게 했다. 그 결과, 근육운동만 한 사람들은 1년 동안 해마가 평균 1% 이상 줄어든 반면, 걷기 운동을 한 사람들은 해마가 매년 2% 커졌다. 2년 동안 해마가 노화되는 것을 늦춘 것이다.

이뿐만 아니라 달리기는 '전두엽'도 단련시킨다. 전두엽은 집중력, 창의력, 판단력, 사고력, 그리고 감정을 도맡는다. 사실상 해마가 주관하는 기억력을 제외한 거의 모든 역할을 담당한다.

따라서 해마와 전두엽은 일할 때 높은 성과를 발휘하기 위한 필수 요소다. 좋은 머리, 높은 집중력은 타고나는 것이 아니라 운동하는 습관이 완성시킨다.

대학교를 졸업하고 취직했다고, 공부를 은퇴하는 시대는 지났다. 진급을 위해, 더 나은 곳으로 이직하기 위해, 낯선 곳으로 여행을 떠나기 위해 우리는 계속해서 공부한다. 심지어 새로운 악기를 연주하거나 유튜브에 나온 음식을 따라 만들어보는 것도 공부다.

공부하기로 마음을 크게 먹고 책상 앞에 앉았다고 하자. 집중하기가 쉽지 않다. 휴대폰으로 이것저것 검색하고, 밀린 SNS를 보다가 30분이 훌쩍 지난다. 이럴 땐 밖으로 나가 가볍게 조깅하는 편이 훨씬 효과적이다.

내가 42.195km를 달리게 되고,
힘들 때마다 더 긴 거리를
달릴 수 있게 된 것은
달리기를 통해 활력이 넘치고
두뇌가 활성화된 덕분이다.

나는 외국어 공부를 할 때 효과를 톡톡히 봤다. 책상 앞에 앉아 있는 시간은 많지 않았지만, 달리기를 하고 난 후에 한 외국어 공부는 그냥 공부만 했을 때보다 집중이 잘 되었다. 단어 하나를 외우더라도 더 오래 기억에 남았다.

그렇다면 꼭 달리기여야 하는가? 반드시 그렇지는 않다. 그러나 내 몸의 호흡과 리듬을 재발견하고, 학습 능력을 향상시키는 데 달리기만 한 것이 없다. 그리고 시간, 장소를 가리지 않고 언제든지 내 몸의 상태를 최고치로 끌어 올릴 수 있다. 달리기를 통해 누릴 수 있는 더 많은 자유로움에 대해선 다음 페이지에서 소개하겠다.

달리기로 누릴 수 있는
10가지 완벽한 자유

누군가 여행을 '낯섦에 대한 경험'이라고 했다. 여행을 떠나면 낯선 곳에서 낯선 사람들과 낯선 음식을 먹는 자유를 누릴 수 있다. 달리기도 그렇다. 낯선 곳을 달리고, 낯선 것들을 보게 된다. 그리고 함께 달리는 낯선 사람들과 친해지는 자유로움을 만끽할 수 있다.

그래서 달리러 떠났다가 사유가 넓어지는 경험을 한다. 그리고 달라진 마음으로 내가 있던 곳으로 되돌아온다. 멋진 사람을 만나든, 깊은 사유에 빠져들든 무언가 반드시 마음에 담아 오는 것이 달리기다. 내가 달리기를 통해 누릴 수 있게 된 10가지 자유를 소개한다.

첫째, 시간의 자유. 직장생활을 할 때는 1시간 일찍 일어나 새벽 거리를 달렸다. 전날 과로해서 늦잠이 필요하면 아침 대신 저녁에 달렸다. 때론 낮 시간을 이용하기도 했다. 몸이 조금 무겁다 싶으면 점심시간을 이용해 회사 근처를 달렸다. 그리고 헬스장에서 말끔히 샤워하고 다시 사무실로 돌아왔다.

달리기는 시간의 제약을 받지 않는다. 일하는 시간에 맞춰 언제든지, 달리고 싶을 때 달리면 된다. 낮에 일하면 이른 아침이나 퇴근 후에 달리면 된다. 밤에 일하면 오전이나 낮 시간에 달리면 된다. 나의 생체 리듬에 '하루 30분 달리기'를 넣어주기만 하면 된다. 물론 아침과 저녁의 달리기에는 차이가 있다. 어떤 시간대가 어떻게 더 효과적인지에 대한 설명은 208쪽에서.

둘째, 날씨의 자유. 쏟아지는 비를 맞으며 달려보았는가? 36°가 넘는 말레이시아의 더위에서 현지 크루들과 달렸을 때 "땀이 비 오듯 쏟아진다."는 말을 진심으로 이해했다. 그동안 한국의 여름을 달리며 흘린 땀은 애교였다. 마침 장대 같은 소나기가 시원하게 내렸다.

흘린 땀이 모두 씻겨 내려갔다. 턱 끝에 맺힌 땀까지 쓸어갔다. 빗속을 헤치며 달리는 기분은 어릴 적 장화를 신고 물웅덩이를 팡팡 뛰어도 혼날 걱정 없던 그 자유로움이다. 함께 달리는 사람들과 피부를 맞닿은 채 웃었고, 더욱 친해졌다. 이름하여 우중雨中런.

함박눈 속에서도 달리고 벚꽃비를 맞으면서도 달린다. 사실 달리기에 나쁜 날씨는 없다. 나쁜 마음만 있을 뿐이지. 폭우가 쏟아지거나 황사, 미세먼지가 심하면 건강상의 이유로 달릴 수 없겠지만, 특별한 날씨에서 달리는 건 아무나 겪을 수 없는 황홀한 경험이다.

등산의 경우, 날이 좋지 않으면 입산이 금지된다. 테니스는 코트 노면이 젖으면 불가능하고, 서핑도 파도가 높으면 위험하다.

셋째, 계절의 자유. 봄, 여름, 가을, 겨울과 상관없이 언제나 달릴 수 있다. 그리고 계절별로 열리는 특별한 러닝 이벤트를 기대할 수 있다.

여름에는 해수욕장 축제 기간에 맞춰 각종 마라톤대회가 열린다. 보령머드축제 갯벌마라톤이 대표적이다. 겨울에는 온통 하얀 세상을 달릴 수 있다. 강원도 인제의 자작나무 숲을 달릴 수 있고, 새해를 맞이하는 날에는 대관령 알몸마라톤대회가 개최된다. 반면 스키는 겨울에만 즐길 수 있는 스포츠 아닌가!

넷째, 장비의 자유. 별다른 장비가 필요 없다. 굳이 준비물을 꼽자면 발에 잘 맞는 러닝화와 활동성이 좋은 옷 정도다. 고가의 스포츠브랜드 의류일 필요도 없다. 조금 더 체계적으로 달리고자 한다면 러닝시계, 암밴드arm band 등 여러 장비가 추가되지만, 달리기를 처음 시작하기 위해 반드시 장비를 구비해야 하는 골치 아픈 과정은 전혀 없다.

다섯째, 지역의 자유. 달리기를 하기 위해 꼭 떠나지 않아도 된다. 집 앞 현관문을 나서고, 회사 문 밖을 나서면 그곳이 바로 러닝코스다. 골프장에 가거나 야구장에 가지 않아도 된다. 사실 1평짜리 공간만 있으면 원을 그리며 무한대로 달릴 수도 있다. 내가 서 있는 곳이 바로 달리기의 시작점이다.

런트립을 아는가? 달리기와 여행을 함께 즐기는 런트립이 꽤나 익숙한 문화로 자리 잡았다. 여행지에서 열리는 마라톤대회에 참가하면 그 지역의 러닝크루들과 친구가 될 수 있다. 낯선 도시를 달리고 다른 도시에 사는 러너들과 문화를 공유하는 짜릿한 매력이 있다.

여섯째, 종족의 자유. 반려견과 함께하는 마라톤을

소개한다. 금빛 모발이 아름다웠던 골든 리트리버가 기억난다. 다리가 3개인 그 개는 밖으로 나온 게 마냥 신난 것 같았다.

시선은 주인에게서 떠나지 않고 연신 꼬리를 흔들었다. 그 커플이 완주했는지, 안 했는지 모른다. 하지만 대회장에 함께 오기로 결심한 순간부터 그들은 이미 러너고, 완주자다.

해외에는 반려견과 함께 달리는 이색 마라톤이 흔하다. 아르헨티나에는 도그런Dog Run이 있다. 결승선에 1등으로 도착하는 '견'만이 우승이 아니다. 베스트 드레서를 뽑기도 하고, 침을 가장 많이 흘리거나 가장 인기가 많았던 강아지도 우승견으로 뽑는다.

우리나라에서도 반려견 행동분석가와 함께하는 러닝 이벤트가 열리고 있다. 강아지와 안전하게 달리는 기초 지식 강연과 반려견을 위한 장애물 통과 이벤트 등이 준비되어 있다. 완주하면 강아지에게 간식을 준다. 보고에 따르면 운동 후의 황홀함은 개도 느낀다고 한다. 반려견을 키우고 있다면 함께 달리기, 어떤가?

일곱째, 연령의 자유. 마라톤 대회장에서 가장 부러운 커플은 연인도 아니고, 소녀들도 아니다. 부모와 자

식이다. 아이는 자기 몸집보다 훨씬 큰 대회 티셔츠를 입고 아빠를 따라 아장아장 걷는다. 무릎까지 길게 내려온 티셔츠를 밟고 넘어질 것 같아 아슬아슬하다.

그러다 보니 아이 주변에는 항상 웃음소리가 가득하다. 아빠는 아이를 앞으로 안거나 유모차에 태워서 천천히 달린다. 5km 건강달리기는 가족 단위의 참가자들이 많다. 부모님을 모시고 함께 마라톤을 즐기는 부부 러너도 있다.

최연소 마라토너가 대구에서 탄생했다. 10km 단축 마라톤 코스를 58분 만에 완주한 6세 소년이다. 일반인들도 1시간 안에 완주하기가 어려운 코스를 한 번도 쉬지 않고 달렸다.

반대로 최고령 마라토너는 영국의 101세 할아버지다. '노란색 터번을 두른 토네이도'라는 별명을 가진 그는 7번의 마라톤 완주 경력이 있다. "뛸 때가 가장 행복하다."고 말하는 파우자 싱 할아버지를 보면 달리기에서 나이는 문제되지 않는다.

여덟째, 성별의 자유. 처음부터 여자가 달릴 수 있었던 것은 아니다. 캐서린 스위처, 최초의 여성 마라토너다. 1967년 미국의 보스턴마라톤대회에 출전하기 위해 자신의 이니셜로 대회에 등록했다. 아니나 다를까 캐서린이 6km 지점을 통과할 때 여자인 것이 들통났다. 대회조직위원장은 그녀에게 소리쳤다.

"대회에서 당장 꺼지고, 그 번호표 내놔!"

여자가 달리면 안 됐던 이유는 무엇일까? 첫째, 뛰면 자궁이 떨어질 위험이 있다. 둘째, 다리가 굵어진다. 셋째, 가슴에 털이 자라날지 모른다. 넷째, 여자는 2.5km 이상 뛸 수 없는 허약한 존재다.

말도 안 되는 편견을 딛고 캐서린은 결국 무사 완주했고, 그날은 마라톤 역사상 가장 위대한 완주로 남았다. 이제는 성별의 제약 없이 동등하게 레이스를 즐길 수 있다. 심지어 여자가 남자보다 더 나은 기록을 발휘할 때가 있다.

아홉째, 국적의 자유. 달리기를 시작하면 세계 곳곳에 러너 친구들이 생긴다. 영어를 잘하지 못해도, 달리기를 잘 못해도 괜찮다. 달리기라는 공감대가 있으니까. 외국에서 달리기는 문화이자 일상이다. 동남아의 경우, 나라별로 크루가 소속되어 있어 출장이나 여행차 이웃 나라로 방문할 때 자연스럽게 함께 달린다.

한국 마라톤대회에서도 제법 많은 외국인 러너를 볼

수 있다. 함께 달리다 보면 오늘 처음 만난 친구와도 스스럼없이 이야기를 나누고 친해질 수 있다. 다른 국적의 러너와 함께 달리다 보면, 서로 눈인사로 격려하고 응원하고 있음을 느낀다. 말은 통하지 않아도 마음이 통한다. 외국인이라고 해서 맨 뒤에서 출발하거나, 자국 선수들을 우대하지 않는다. 기념품을 덜 주는 것도 아니다.

열째, 프로와 아마추어의 자유. 한번 상상해보자. 프로 선수와 아마추어 선수가 함께 뛸 수 있는 스포츠가 있는가? 세계적인 선수들과 함께하는 영광을 마라톤을 통해 누릴 수 있다. 물론 더 나은 기록을 위해 프로 선수들이 먼저 출발하고, 그다음에 아마추어 선수들이 출발하기는 하지만 겨우 10분 내외다. 오늘 아침에 뉴스에서 본 선수를 코앞에서 볼 수 있고, 오늘 저녁 TV 속 프로 선수 뒤에서 당신이 달리고 있을지도 모른다!

2018년 보스턴마라톤대회에서는 프로 선수들을 제치고 아마추어 선수가 우승을 차지한 일이 있었다. 그는 일본의 한 고등학교 행정실에서 근무하는 공무원이다. 그는 말했다.

"마라톤에서는 어떤 일이 일어날지 모른다는 걸 내가

입증했다." 프로 선수들보다 더 부족한 시간을 쪼개며 훈련에 몰두했을 것이다. 그리고 그는 프로로 전향했다. 마라톤이 그의 인생을 바꾼 것이다. 달리기는 프로와 아마추어의 구분이 없는 예측 불허한 게임이다.

약골의
저질 체력 극복기

유난히 의욕이 없고 머릿속이 어지러운 날이 있다. 애써 밝은 척하며 하루를 보냈지만, 하루 종일 아무 일도 손에 잡히지 않는다.

집으로 가는 길, 하차할 정류장을 지나쳐서 왔던 곳을 되돌아가는 실수를 했다. 평소보다 15분이나 늦게 집에 도착했다. 체력이 바닥나서 운동은커녕 샤워할 힘도 없다. 몸도 마음도 좀처럼 따라주지 않는 날, '도파민'이 부족한 탓일 수 있다.

도파민이란 뇌의 신경전달물질로, 우리 몸에 미치는 영향력이 굉장하다. 도파민이 분비되면 긍정적으로 변하고 행복감이 늘어난다. 또한 의욕과 집중력이 높아져

업무나 학습에 집중하기에 더할 나위 없이 좋다.

이 놀라운 물질을 조금 더 빨리, 더 많이 분비시키고 싶어질 것이다. 몸을 계속해서 움직이면, 즉 운동하면 뇌의 도파민 뉴런끼리 연결고리가 끈끈해진다. 그러면 도파민 분비가 촉진된다.

분비량만 증가하는 것이 아니다. 도파민의 저장량이 늘어난다. 도파민 수용체를 만드는 효소가 생성되면서 수용체 자체가 많아진다. 따라서 운동할수록 더 많은 도파민이 분비되고, 더 강한 만족감을 얻을 수 있다. 이것이 운동하는 사람들의 얼굴에서 미소를, 그렇지 않은 사람들보다 더 자주 볼 수 있는 이유다.

어디까지 달려봤니?

당신은 한번에 몇 m를 달릴 수 있는가? 100m 또는 500m? 아마 500m가 얼마큼인지 감이 잘 안 올 것이다.

나도 그랬다. 1km가 어느 정도인지 짐작되지 않았고, 한 바퀴가 2km라는 호수가 얼마나 넓은지 가늠되지 않았다. 지금은 길 찾기 어플에서 "직선거리 3km"라고 하면 이렇게 생각한다.

'뛰어가면 15분 걸릴 거리인데…, 버스를 타면 25분이나 걸린다고? 시간 낭비네.'

나는 먹는 것을 좋아했다. 음주도 좋아했다. 하지만 달리기를 시작하면서 식단 조절을 하고 금주했다. 누가 시킨 일이 아니다. 내가 그렇게 하기로 결심했다.

달리기를 하면서 내 몸이 참 무겁다는 사실을 새삼 느꼈기 때문이다. 어렸을 때 철봉에 매달려본 경험이 있을 것이다. 팔의 힘으로 몸을 들어 올리는 일은 말이 쉽지, 막상 해보면 무척 어렵지 않은가? 그만큼 우리 몸은 무겁다.

몸이 무거울수록 힘든 건 '나' 자신이다. 이런 말이 있다. "1kg 가벼워지면 기록이 1분 단축된다."

나는 조금 더 빨리 달리고 싶은 마음에 다이어트를 했다. 3kg 정도 감량했다. 날씨가 선선한 3월의 초봄 무렵 매주 마라톤대회에 참가했다. 그리고 매주 나의 기록을 확인했다.

별다른 훈련을 한 것도 아니고 코칭을 받은 것도 아닌데, 살이 빠지는 만큼 매주 기록이 1분씩 단축되었다. 땀을 식혀줄 만큼 바람이 시원하게 불거나 경치가 끝내주는 제주도 협재해수욕장을 달리기라도 하면, 기록이 2분씩 단축되기도 했다.

달리기를 하면 체력이 좋아지고 다이어트에 도움이

될 거라는 생각은 흔히들 한다. 이밖에도 신체에 좋은 점은 많다. 키를 더 크게 하고, 심지어 수명을 연장시킨다.

숨은 키 2cm의 재발견

성장판이 닫히고 한참이 지난 20대 중반에 나는 키가 자랐다. 2cm가 더 자라 167cm가 되었다. 나뿐만이 아니다. 달리기를 하는 주변 사람들은 너도나도 조금씩 자랐다고 이야기한다.

누구나 숨은 키가 2cm 있다. 잘못된 자세로 오랫동안 컴퓨터와 핸드폰만 들여다보면 등이 굽거나 거북목, 일자목이 된다. 청소년들은 책상 앞에 앉아 있는 시간이 길다 보니 자세가 쉽게 흐트러진다.

이때 자세를 교정하기만 해도 키가 커질 수 있다. 일부러 '자세를 바르게 해야지.' 하고 생각하지 않아도 된다. 달리기가 익숙해지면, 신체가 자연히 바르고 안정적인 자세를 찾게 된다.

보고에 따르면 남성은 30~70세 동안 평균 키가 3.3cm 줄고, 여성은 25~70세 동안 평균 키가 5cm 줄어든다. 또 등이 굽으면 척추가 휘고, 거기다 거북목이 되면 목이 앞으로 빠져 그만큼 키가 더 줄어든다.

나는 그런 사람들에게 바른 자세보다 하루 30분 달리

기를 추천한다. 의식하지 않아도 달리는 30분 동안 바른 자세를 유지할 수 있다.

달리기가 익숙하지 않은 운동 초반에는 조금만 힘들어도 자세가 흐트러진다. 힘들수록 계속해서 바른 자세를 유지하려고 노력해야 한다.

보폭은 어깨너비만큼이 적당하고, 팔을 앞뒤로 자연스럽게 흔들면서 양무릎이 서로 닿지 않게 한다. 누군가 위에서 머리를 잡아당기는 듯한 느낌으로 턱을 가슴 쪽으로 당기고, 가슴을 활짝 편 상태를 유지하며 달리는 것이 중요하다. 시선은 멀리 앞을 내다본다.

러너는 3년을 더 산다고?

달리기는 수명 연장에 가장 효과적인 운동이라는 결론이 나왔다. 달리기를 전혀 하지 않은 사람과 비교해 러너들은 3년 더 오래 살 수 있다. 과체중이거나 술을 많이 먹거나 혹은 담배를 피우더라도 결과는 마찬가지다. 느리게 달리거나 불규칙하게 달려도 평균적으로 3년 더 오래 산다.

매주 2시간을 달리면 기대 수명이 3.2년 늘어난다. 다시 말해 1시간을 달릴 때마다 수명이 7시간 정도 늘어난다. 엄청난 소식이 아닌가?

스포츠 과학자들은 대규모 의료 및 운동 테스트 자료들을 분석했다. 결과는 하루 5분만 달려도 수명 연장에 영향을 미친다. 당신이 오늘부터 달리기를 시작하면 사망률이 16% 줄어들고, 심장마비에 걸릴 위험이 25% 줄어든다.

더 많이 달린다고 해서 수명이 3년 이상으로 늘어나진 않는다. 물론 걷기나 자전거 타기와 같은 운동도 오래 살게 하는 데 도움을 주지만, 달리기만큼 수명을 늘리는 것은 아니다. 달리기는 신체적, 정신적으로 더욱 강한 나를 완성시키는 합리적인 운동이다.

진정한 '아이언 레이디'로
거듭나는 길

　　나는 철인이 되기로 결심했다. 수영, 사이클, 달리기 세 종목을 연달아 하는 철인3종경기인 트라이애슬론Triathlon을 완주했다. 정규 코스는 올림픽코스라고도 하며, 수영 1.5km, 사이클 40km, 달리기 10km로 이루어진다.

　　변형 경기도 많다. 수영 3.8km, 사이클 180km, 달리기 42.195km로 이어지는 극한의 아이언맨 코스가 있다. 또한 달리기 5km, 사이클 40km, 다시 달리기 10km를 하는 듀애슬론Duathlon, 수영 1.5km, 달리기 10km를 하는 아쿠애슬론Aquathlon 등이 있다.

바닷물 속은 온통 까맣다

10월 통영에서 첫 올림픽코스에 도전했다. "철인3종 경기에 도전할 정도면 수영을 잘하겠네."라고들 말했다. 실은 수영 실력이 형편없었다. 초등학교에 입학하기 전, 수영장에 빠진 뒤로 수영복을 입어볼 시도조차 하지 못했다.

물 공포증이 심해서 수영장에 가도 튜브를 꼭 붙잡고 둥둥 떠다니기만 할 뿐, 물속에 머리를 넣는 것 자체가 두려웠다. 서핑, 스쿠버다이빙, 프리다이빙 등 워터스포츠를 시도해봤지만, 수영의 장벽은 여전히 높았다.

처음부터 풀코스를 달리도록 태어난 사람은 없다고 생각을 고쳐먹었다. 조금씩 앞으로 나아가다 보면 완주할 수 있을 거라는 마라토너의 투지로 도전했다. 경기를 앞두고 연습할 시간이 없었고, 강습받을 시간은 더욱 없어서 실내 수영장에서 간신히 50m를 완영하는 실력으로 전장에 뛰어들었다.

바다 수영은 실내 수영장에서 물장구치던 것과 차원이 달랐다. 바닷물 속에 머리를 넣는 순간 극심한 공포가 몰려왔다. 패닉에 빠질 지경이었다. 눈을 감은 것도 아닌데, 물속이 깜깜해서 두 눈을 뜬 게 맞는지 여러 번

깜빡이며 확인했다. 칠흑 같은 바다와 울렁거리는 파도는 내 몸을 굳어지게 만들었다. 뒤에서 연어 떼처럼 파닥거리며 몰려오는 선수들은 또 다른 공포였다.

다른 선수들이 휘두르는 거센 팔과 다리에 치이는 것을 막기 위해 그들이 먼저 조용히 지나가기만을 기다렸다. 물안경이라도 벗겨져 날아간다면 그때는 정말 끔찍하다. 애써 나 자신을 위로했다. '괜찮아, 나를 피서객이라고 생각하자. 저기까지 헤엄쳐서 놀다 가자.'

추위에 부르르 떨며 터져 나올 것 같은 울음을 겨우 참았다. 눈물로 가득 찬 수경을 낀 채 대회를 포기하고 싶지 않았다. 수영의 제한 시간은 50분이었고, 대부분 30분대에 모두 바다를 빠져 나갔다.

나는 49분 동안 차가운 물속에 있었다. 1분만 더 늦어도 사이클 안장에 올라서지도 못했을 것이다. 두 발로 땅을 딛는 순간 '살았다….'라는 생각뿐이었다.

마음을 비우고 두 발에 모터를 달다

정신을 차리고 나머지 종목을 계속 이어나갔다. 꼴찌로 출발한 덕분인지 부담감 없이 사이클을 탔다. 20km 지점을 지날 때 컷오프Cut Off됐다.

컷오프란, 제한 시간 내에 해당 구역을 통과해야 하

는데, 이를 지키지 못하면 참가선수가 더 이상 레이스를 못하게 하는 것이다. 컷오프됐다며 기록 측정칩을 달라는 심판과 이에 항의하는 선수들의 실랑이가 벌어졌다.

목소리는 점점 높아지고 시간은 점점 지체됐다. 수중 전쟁터에서 살아나온 나는 오로지 '완주'가 하고 싶었다. 지금 칩을 반납하면 달리기를 계속할 수 있냐고 물었다. 심판이 "그렇다."고 답했다. 1등으로 칩을 반납하고, 그 무리를 빠져나와 다시 달렸다.

수영에서 마지막 그룹이 출발한 이후 1시간 50분 이내에 사이클을 완료하지 않으면 실격이었다. 20대 여자 중에서 내가 가장 마지막 그룹이었기 때문에 수영에서 1시간 가까이 시간을 소요한 나는 애초에 언덕이 많은 통영에서 사이클 20km를 50분 안에 완주하기가 불가능했다. 20km 지점에서 칩을 반납하고 계속 달렸다.

칩을 반납하자마자 신기하게도 내 몸이 가벼워짐을 느꼈다. 몇 g 안 되는 칩이 족쇄처럼 느껴졌던 것 같다. 그 이후로 시원한 바람이 느껴지고, 입가에 미소도 지어졌다. 이미 골인 지점으로 들어오고 있는 많은 선수들을 마주하며 나는 뒤늦게 달리기를 시작했다.

조금은 부끄럽기도 했지만, 나 스스로 정말 자랑스러

웠다. 통영의 가을바람을 타고 곧 철인이 탄생할 것이라는 영웅 심리에 시간 가는 줄 모르고 달렸다. 달리다 보니 칩을 달고 있는 선수들 수십 명을 추월했고, 사이클을 타면서 20명 넘게 제쳤다. 30명이 넘는, 칩을 달고 있는 선수들보다 훨씬 먼저 들어왔다.

무엇이 철인의 길로 이끄는가?

철인3종경기는 포기하고 싶게 만드는 유혹이 너무나 많다. 바닷물에 입수하기 전과 입수하고 난 직후, 수많은 보트 위 안전 요원의 매혹적인 손짓을 보면 그만두고 싶다.

그리고 사이클 전 바꿈터_{종목을 전환하는 장소}, 달리기 전 바꿈터에서 모든 걸 포기하고 싶어진다. 그럼에도 많은 선수가 자신만의 고독한 레이스를 이어간다.

수영, 사이클, 달리기를 모두 잘한다고 해서 철인이 되는 것은 아니었다. 외로운 레이스를 견디고 정신과 신체를 컨트롤하는 과정에서 철인이 되는 것 아닐까? 진정한 철인으로 거듭나고 싶다면 운동의 끝판왕인 철인3종경기에 도전해보자.

더 달리고
싶다고?

누군가 달리기의 장점에 대해 이렇게 말했다. "아무것도 생각하기 싫은 날이 있어요. 어떤 날은 그냥 시키는 일만 하고 싶어요. 그게 더 편해요. 마라톤은 고민 없이 달려도 돼서 좋아요."

마라톤은 단순하다. 그게 가장 큰 장점이지만, 장시간을 혼자 달리다 보면 쉽게 지칠 때가 있다. 가끔은 정해진 틀을 벗어나 더 자유롭게 달리고 싶어진다. 그럴 때 트레일러닝을 추천한다.

트레일러닝은 시골길이나 오솔길, 혹은 산길을 의미하는 트레일Trail과 러닝Running의 합성어다. 여름에 피는 아지랑이가 너무 뜨겁거나, 지루한 길을 벗어나고 싶다면 트레일러닝에 도전해보자.

산을 달린다고?

트레일러닝이 산을 달리는 것이냐고 묻는다면, 답은 "그렇지 않다."이다. 포장된 자동차 도로를 벗어나 언덕, 사막, 초원, 숲, 그리고 해안가 등 다양한 지형을 달린다. 대나무 밭을 지날 때면 크게 소리를 질러보기도 하고, 포도나무 밭 옆을 지날 때면 떨어진 포도 알이 없나 살펴보기도 한다.

트레일러닝은 시시각각 변하는 자연을 볼 수 있어 지루할 틈이 없다. 어떤 지형인지, 오르막과 내리막의 경사도는 어떤지, CP Check Point (기록을 측정하고 물을 마시고 다음 구간을 시작하기 전에 컨디션을 회복하는 장소)는 몇 개고, 내가 지금 어느 지점에 와 있는지…, 참 다이내믹하다. 이에 따라 다양한 목표를 세워볼 수 있다.

마라톤의 목표는 '제한 시간 내로 완주하기'인 반면, 트레일러닝은 '12시간 안에 완주하기', '4번째 CP까지 무사히 도착하기', '오르막을 걷지 않고 달리기' 등 개인의 역량과 경험에 따라 목표를 세울 수 있어 초보자에게 부담스럽지 않다.

또 마라톤은 페이스 조절이 가장 중요하지만, 트레일

러닝은 같은 페이스로 달릴 필요가 없다. 심박수가 더 중요하다. 도로를 달릴 때보다 느린 페이스로 달리되, 일정한 심박수를 유지하면 된다. 그래서 걸어도 된다.

아름다운 곳이 나오면 잠시 멈춰 친구와 셀프 카메라를 찍고 경치를 즐겨도 된다. 나무 그늘이 나오면 잠시 누워서 쉬었다 가도 된다. 마라톤처럼 바른 자세를 유지하기 위해 성실하게 팔을 움직이지 않아도 된다. 마치 새가 날개를 활짝 펼치듯 자연스럽게 움직이면 된다. 마라톤에서는 꿈에도 꾸지 못할 일을 할 수 있으니, 이 얼마나 자유로운가!

처음이라면 무조건 즐겁고 재미있게

나는 DMZ트레일러닝 18km 달리기부터 구례지리산 달리기 25km, 그리고 TNF100의 50km와 KOREA 50K의 58km 부문까지 조금씩 거리를 늘렸다.

나의 첫 트레일러닝은 파주 임진각에서 시작해 북한의 낙동강을 바라보며 달리는 코스였다. 거기서 4등을 했다.

만약 핸드폰을 안 들고 뛰었거나, 임진강을 자세히 구경하느라 시간을 보내지 않았다면 3등 안에 들어 트로피를 받을 수 있었다. 하지만 나의 목표는 '재미있게

달리기를 시작하고
하늘을 올려다보는 횟수가 많아졌다.
날이 화창한지, 춥지 않은지
더 자주 날씨를 확인한다.

완주하기'였다. 44년 만에 처음으로 민간인에게 공개된 DMZ 비무장지대였기 때문에 임진강 철조망에 걸린 그물과 그 사이에 난 새싹까지 자세히 살펴봤다.

두 발로 북한을 바라보며 뛸 수 있는 것이 뭉클했다. 기록을 세우겠다는 욕심을 냈다면 아마도 트레일러닝의 재미를 찾지 못했을 것이고, 100mile 울트라트레일러닝에 도전할 생각을 못했을 것이다.

트레일러닝을 할 때 가장 중요한 것은 '산을 달리는 즐거움'을 깨닫는 일이다. 그래서 마라톤보다 스릴 있고, 걷기보다 역동적이다! 여유를 만끽하는 달리기가 하고 싶다면, 트레일러닝이 어떤가?

달리지 못하는 흔한 변명 10가지

1. "바빠요."

달리는 이유에 대해 생각해보자. '이것만 끝나면 달려야지.', '여유가 생기면 달려야지.'라고 생각한다면, 평생 달릴 수 없다. CEO나 대통령도 시간을 투자해서 달린다는 점을 잊지 말자. 달리는 습관을 가지면 돈을 잘 버냐고? 그렇다!

보고에 따르면, 연 수입이 7만 달러 이상인 근로자가 운동하는 횟수는 연 수입이 3만 달러 이하인 사람에 비해 2배 이상이다. 또 다른 연구에서는 정기적으로 운동하는 직원이 그렇지 않은 직원보다 9% 더 높은 성과를 낸다고 한다. 하루 일과 중 언제 달릴 수 있는지 파악하고, '달리지 못하는 이유'보다 '달려야 하는 이유'에 대해 집중하자.

2. "일찍 일어나기 힘들어요."

달릴 수 있는 복장으로 잠들자. 그리고 일어나면 곧바로 밖으로 나가자.

"나갈까? 말까?"를 고민하기 전에 바로 달려 나갈 수 있는 복장으로 잠을 자면 아침에 악마의 속삭임을 이겨낼 수 있다. 일찍 일어난 시간만큼, 전날 일찍 잠자리에 들어야 한다는 것도 잊지 말자.

3. "참가하려고 했던 마라톤이 끝났어요."

당분간 달릴 의지가 사라질 수 있다. 하지만 또 다른 목표를 세워보자. 새로운 동기부여를 갖는 것이 중요하다. 개인기록 갱신이나 또 다른 레이스를 준비해보는 게 어떨까?

완주하기가 목표였다면 '4시간 안에 완주 하기', '3시간 30분 안에 완주하기' 등 더욱 구체적인 목표를 세워보자. 그리고 지금 당장 마라톤대회를 신청하자.

4. "지겨워요."

혼자 달리다 보면 지겨울 때가 있다. 이럴 땐 새로운 장소를 달리면, 신선한 마음이 들 수 있다. 러닝크루에 가입해 여러 사람과 함께 달리는 것도 방법이다. 러닝 커뮤니티에 참가해보는 것도 좋다.

5. "추워요."

방한용품을 제대로 갖추면, 한겨울 달리기에도 땀이 날 수 있다. 얼굴을 가려줄 털모자나 마스크만 있어도 추위를 막을 수 있다. 장갑은 필수다. 추위가 두렵다면, 겨울 동안엔 실내 트레이닝을 해보자. 실내에서 달려 한겨울에 체력을 유지하자.

6. "피곤해요."

학업이나 일 때문에 피곤한가? 가벼운 달리기는 피로를 덜어준다는 사실을 아는가? 달리기는 스트레스 해소에 탁월하다. 또한 혈액순환을 원활하게 해 어깨 결림 등 몸에 쌓인 피로를 푸는 데 도움이 된다. "피곤하므로 달려야겠다."는 생각의 전환이 필요하다.

7. "비가 와요."

빗속을 달리는 것은 낭만적이다. 방수 기능이 있는 재킷을 하나 걸치고 달려보자. 일탈하는 기분마저 든다. 러너들은 우중런를 해보지 않고 달리기를 논하지 말라고 한다. 다만 신발에 물이 찰 경우 발에 물집이 잡힐 수 있으니, 부상에 유의하자.

8. "훈련하고 싶지 않아요."

달린 거리와 시간, 그 날의 달리기 감상을 러닝 일지(155쪽 참고)에 적으면 훈련에 자극이 된다. 다이어리에 훈련계획을 적어보고, 1개씩 지워나가는 재미를 찾아보자. 친구와 함께 그날의 훈련이 제대로 되었는지 서로 검사하는 것도 효과가 좋다. 무엇보다 달리기를 '습관'으로 만드는 것이 매우 중요하다.

9. "가족이 싫어해요."

가정이 있는 러너라면 휴일에 달리기 위한 시간을 내기가 쉽지 않다. 자신이 달려야 하는 이유에 대해 충분히 설명하고, 그것이 가정에 어떤 긍정적인 영향을 미칠지 설득하자. 중요한 가족 행사가 있다면 미리 양해를 구한다. 마라톤대회에 온 가족이 함께 출동하여 긍정적이고 열정적인 분위기를 직접 느끼는 것도 효과적이다.

10. "재미없어요."

런태기가 온 것인가? 그렇다면 178쪽을 참고하자.

PART 3

어떻게 내 삶을 원하는 대로
디자인할 수 있을까?

달리면 달릴수록 새로운 모험의 세계가 열린다. 버킷리스트에 적힌 나의 목표를 하나씩 지워간다. 계속해서 또 다른 도전 리스트가 추가된다. 사막을 달리는 오지 레이스도 하고 싶다. 나는 아직 달리고 싶은 길이 많다.

13시간 36분,
57.7km, 3,450m

　　　　　　나는 실격이었다. KOREA 50K에 참가했을 때, 500m 앞에 마지막 CP를 두고 컷오프됐다. 30분 전만 해도 충분히 통과할 수 있을 것 같았는데, 사람의 앞일은 역시 아무도 모른다.

　시계가 방전된 것이다. 11시간을 넘게 GPS를 잡으면서 버텨준 시계였다. 나는 출발 후 시간이 얼마나 흘렀는지, 앞으로 몇 km 남았는지 알 방법이 없었다. 주변에 함께 달리는 선수들의 시계도 이미 이상기온의 더운 날씨에 방전돼버렸다. 마지막까지 최선을 다해 달리는 방법밖에 없었다.

기적 같은 일이 일어나다

전력을 다해 뛰어도 모자랄 판에 오르막길을 만났다. 파란 하늘 위로 뜨겁게 이글거리는 아스팔트가 애석했다. 체력은 점점 떨어졌다. 내가 걷고 있는지, 두 손으로 다리를 한쪽씩 들어 옮기는지 구분이 안 됐다. 희미하게 종소리라도 듣고 싶어 귀를 쫑긋거렸다. 무슨 종소리냐고?

CP에서 자원봉사자들은 종을 힘차게 흔든다. 숲속 곳곳에서 선수들이 이 종소리를 듣고 큰 힘을 얻는다. 청각에 모든 에너지를 집중해 귀를 열었지만, 아무 소리도 들리지 않았다. 금방이라도 쏟아질 것 같은 눈물을 간신히 참고 다리를 들어 올렸다.

핸드폰을 꺼내 보았다. 잔여 배터리는 10% 남짓이었고, 컷오프 시간까지 남은 시간은 1분이었다. CP를 통과하기는커녕 도착하지도 못했다. 나는 실격되었다.

달려야 할 이유가 없어졌다. 집에 가려고 터덜터덜 걸었다. 목표가 사라지니 다리가 몇 만 배가 더 무거워졌다. 왼쪽의 물통을 꺼냈더니, 빈 통이었다. 오른쪽의 물통을 꺼내 탈수 증상이 온 다른 선수에게 물을 주었다. 바닥에 깔린 조금 남은 물을 마시기 위해 고개를 하늘 높이 젖혔다가, 물을 마신 후 고개를 떨구었다. 한동안 고개를 들지 못했다.

완주하기 위해 12시간 넘게, 50km 가까이 달려왔지만 눈앞에서 승리의 기쁨을 놓쳤다. 함께 완주하자며 의지를 다졌던 선수도 같이 고개를 떨구었다. 우린 서로에게 아무 말을 해주지 못했다. 어떤 위로도 소용없다는 걸 잘 알고 있었다.

뒤에서 발자국 소리가 들렸다. 달리는 소리였다. 그 소리의 주인공이 나에게 소리쳤다. "왜 걷고 있어? 빨리 뛰어! 포기하지 마!" 고개를 돌려 보니 40km 지점부터 함께 달린 외국인 선수였다. 나는 말했다. "무슨 소리야? 우린 이미 컷오프야."

외국인 친구가 말했다. "아니야, 날이 너무 더워서 30분 연장됐어!" 귀가 번쩍 뜨였다. 발가락에서부터 정수리 끝까지 피가 솟구쳐 오르는 것을 느꼈다.

"정말? 말도 안 돼!"

그날은 예상치 못한 이상기온으로 중도 포기한 선수들이 많았다. 마지막까지 포기하지 않고 내달렸던 노력에 대한 하늘의 선물인지, 기적 같은 일이 벌어졌다. 마지막 CP를 통과하는 제한 시간이 30분 연장된 것이다. 3번 넘게 사실이냐 물었고, 5번 넘게 알려줘서 고맙다고 답했다. 다시 '완주'라는 목표가 생겼다.

다시 달릴 이유가 생겼고, 결국 13시간 36분을 달려 완주했다. 뒤늦게 알게 된 사실은 그날 절반 가까이 완주하지 못했다고 한다.

나에게 희소식을 알려준 선수는 싱가포르에서 왔다. 얼마 지나지 않아 우리는 싱가포르에서 다시 만났다. 흙과 먼지로 뒤덮인 옷이 아닌 멀끔하게 차려 입고 근사한 저녁 식사를 했다. 그렇게 우린 국적, 나이, 성별을 초월한 친구가 되었다(친구라고 표현했지만 70년생 개띠 아저씨다).

오랜 시간을 함께 알고 지낸 사이도 아니지만, 내 인생에서 너무나 귀한 친구를 얻었다. 그리고 7월, 몽골 고비사막 250km를 함께 도전하기로 약속했다.

당신에게도 예비동력원이 있나요?

작은 레이스든 큰 레이스든 똑같다. 응원은 넘어진 나를 다시 일어나게 만든다. 나에게 건네는 "파이팅!"도 힘이 되고, 응원 터널을 지나갈 때 내 이름을 불러주는 것도 다 들린다.

해낼 것이라고 믿어주는 마음은, 힘든 러너들을 몇 발짝이라도 더 달리게 한다. 종소리가 들리면 마지막

메시지가 들려오는 것 같다. '당신을 응원하고 있어요. 조금만 더 힘내요! 거의 다 왔어요.'

"빨리 가려면 혼자 가고, 멀리 가려면 함께 가라."는 아프리카 속담은 일상생활에도 통한다. 함께 야근하는 동료가 있으면 고된 야근도 견딜 수 있다. 가족의 응원도 마찬가지다. 힘겨운 길을 홀로 달릴 때 남편, 아내, 아들딸이 늘 함께한다고 말해주고, 응원한다고 말해주면 그 효과는 어마어마하다.

반대도 마찬가지다. 끝이 보이지 않을 것 같은 일들이 계속될 때, 잠깐 멈춰 서 나를 응원해주는 이들을 한번 바라보자. 그리고 함께 달려 나가는 동료에게 말을 건네자. "잘하고 있어. 저기 저 언덕만 넘으면 돼!"

사실 장거리 레이스에서 체력보다 중요한 것은 정신력이다. 그 정신력마저 무너질 때 함께 달리는 이들은 서로에게 2차 에너지가 된다.

첫 풀코스를 달릴 때 나는 응원의 힘으로 완주할 수 있었다. 그리고 정확히 1년 뒤 나는 응원 구역에 섰다. 내가 무사히 완주할 수 있도록 응원해준 사람들을 응원하기 위해서 말이다. 러너들이 4시간 동안 심장 박동을 울리며 달린다면, 응원하는 이들은 4시간 동안 수많은 러너들의 심장을 울린다.

매너가 러너를 만든다!

달리기에도 에티켓이 있다. 모든 선수가 웃으며 레이스를 펼치고, 그동안의 노력을 보상받기 위해 서로 지켜야 할 매너다. 매너를 지키는 이유는 모든 선수의 안전을 위해서라는 점을 명심하자.

첫째, 능력에 맞는 러닝코스에 참가하자. 자신의 체력을 간과하고 처음부터 무리한 종목에 참가하는 경우가 많다. 친구가 부추기거나, 남들이 하니까 무턱대고 도전한다.
부상으로 가는 빠른 길은 주변에 잘 뛰는 친구를 두는 것이다. 무리한 레이스를 펼쳐 러닝의 즐거움을 누리기 전에 지치지 않았으면 한다.

낙오하거나 제한 시간을 한참 초과하여 대회 관계자들을 곤란하게 만드는 것도 비매너다. 제대로 훈련하지 않아서 절반 이상을 걸어서 완주하면 마라톤의 의미가 퇴색된다. 어지럽거나 호흡이 가빠오는 등 몸에 이상 증세가 나타나면 바로 달리기를 멈추고 도움을 구하자.

둘째, 천천히 달릴 때는 오른쪽, 추월할 때는 왼쪽을 이용한다. 고속도로에서 운전할 때 왼쪽 차선은 추월 차선으로 비워둔다. 달리기도 마찬가지다. 빠른 주자를 위해 추월할 수 있도록 왼쪽은 양보하자. 충돌로 인한 사고의 위험을 줄일 수 있다.

추월할 때는 감사의 표시를 잊지 말자. "왼쪽으로 지나가겠습니다."라고 말하며 미리 양해를 구하고, 추월한 후에는 "감사합니다."라고 말하며 예의를 표하자.

셋째, 친구와 함께 달릴 때는 주로를 막지 않도록 한다. 좁은 주로에서는 특히 주의한다. 예기치 못한 상황으로 신발 끈을 매거나 잠시 쉴 때도 마찬가지다. 또한 레이스 도중 셀카를 찍거나 갑자기 멈춰 서는 것을 자제하자. 친구와 손을 잡고 달리는 경우도 있는데, 뒤에서 달리는 러너와 부딪칠 수 있어 서로에게 안 좋은 기억만 남길 뿐이다.

넷째, 대회 규정을 숙지하자. 어떤 대회든 인터넷이나 인쇄물, 개별문자 등을 통해 대회 규정을 안내한다. 그룹별 출발 시각, 제한 시간, 환불 규정, 기록 측정 방법, 그리고 주차 등 공지사항을 사전에 숙지하여 더욱 건강한 대회 문화를 만들자.

다섯째, 지시를 잘 따르자. 대회장에서는 원활한 대회 진행을 위해 참가자들에게 안내방송을 한다. 코스별 출발 시각 등을 잘 지켜 진행을 방해하거나 대회를 지연시키지 않도록 하자. 많은 사람이 모이는 만큼 시간과 질서를 엄수하자.

여섯째, 참가번호표는 반드시 자신의 배 정면에 부착하자. 그래서 '배번호'라고 부른다. 배번호를 구부리거나 훼손하면 안 된다. 대회에선 신분증과 같다.
응급 상황이 발생했을 때 배번호에 등록된 정보로 연락을 취한다. 또는 레이스를 끝마치지 못했을 때, 배번호로 현재 위치를 파악할 수 있다. 배의 정면에 잘 보이게 부착해야 주로에서 찍힌 내 귀한 사진도 받을 수 있으니 명심하자.

일곱째, 출발 구역에서 출발하자. 메이저 대회는 참가 인원이 많아 그룹별로 출발한다. 그룹은 지난 대회의 기록으로 정해지고, 그룹별로 출발 시각이 정해져 있어 나의 그룹을 지켜야 안전하다.

다른 그룹에서 달리면 기록이 인정되지 않으니 이 또한 손해다. 먼저 출발한다고 절대 먼저 도착하지 않는다. 오버페이스를 야기할 뿐이다.

여덟째, 급수 구역에서 서두를 필요가 없다. 여유롭게 물을 마시고, 종이컵은 반드시 쓰레기통에 버리자. 신발이 물에 젖지 않도록 주의하자. 남은 물을 바닥에 버리거나 머리에 뿌리는 행위는 뒤따라오는 주자에게 피해를 끼친다.

아홉째, 러너와 응원자로 붐비는 피니시 라인 주변을 서성이지 말자. 주자들은 뒤이어 끊임없이 밀려온다. 스퍼트를 내며 달려오는 주자와 다리에 힘이 풀린 채 멈춰 있는 주자가 부딪치면 큰 사고가 날 수 있다.

열째, 대회 기록용 칩을 꼭 반납하자. 이 칩은 일회용이거나 반납용이다. 반납용 칩을 미반납하면 큰돈을 물고 변상해야 한다. 기념품이 아니다.

오늘 당신의 마음 날씨는
어떤가요?

혼자 먹는 밥을 뜻하는 '혼밥'에도 레벨이 있다. 난이도 '하'라는 편의점 혼밥부터 분식집, 뷔페, 고기, 그리고 혼술까지. 혼밥이 얼마나 어려우면 거기에 이름을 붙이고 등급을 매겼을까? 사람들은 의외로 혼자만의 시간을 보내는 방법을 모르는 것 같다.

사실 나도 그랬다. 직장 다닐 때 하루 종일 컴퓨터와 대화하고 회의하다 보면, 정작 나와 대화할 시간이 없었다. 업무 마감 시각을 지키려고 항상 시간에 쫓기다 집으로 가는 지하철 안에서 쪽잠 자기 일쑤였다. 하루 종일 머리를 쓰느라 기름 진 나의 머리를 어서 베개 위에 올려야겠다는 생각뿐이었다.

오늘 나의 하루는 어땠는지, 내일의 나는 어떨지, 요즘 내가 무엇을 좋아하는지, 오늘 내 감정은 안녕한지 물어야 한다. 외로운 친구의 이야기를 들어주듯, 마음 상한 친구의 감정을 위로해주듯, 토라진 아이를 달래주듯 나의 이야기를 들어주는 시간이 필요하다.

하루 30분, 나와 대화하는 시간

달리기는 나를 만나는 시간이다. 하루 30분을 달린다는 것은 나 자신과 대화할 시간 30분을 확보하는 것이다. 좋은 점은 달리고 있는 동안 어느 누구와 이야기하지 않아도 되고, 누구의 이야기를 듣지 않아도 된다. 주위 풍경을 바라보며 자기 자신과 대화하면 된다.

나와의 대화는 어떻게 시작해야 할까? 호흡에 집중해야 한다. 그러면 나와의 대화에 물꼬를 틀 수 있다. 그리고 가급적 아무것도 하지 않으려고 애써야 한다. 처음에는 이게 뭔가 싶을 것이다. 헐떡거리는 호흡 소리만 듣다가 30분이 끝나버릴 수도 있다.

코로 숨을 들이마시고 입으로 숨을 내쉬는 행위 자체를 제대로 느껴본 적이 있는가? 호흡이 안정되면, 자연히 내가 품고 있었던 고민들이 하나둘씩 들려온다. 그 순간부터 대화가 시작된다. 명상과 같다.

사람들은 1시간 정도 달리고 나면 지칠 대로 지친다고 생각한다. 하지만 실제로는 그 반대다. 오히려 좋은 휴식이 된다. 러너들 대다수가 회사를 다니는 직장인이다. 일에 치이고, 퇴짜 맞고, 늦게까지 야근해도, 쉬기를 포기하고 달리는 장소로 모여드는 까닭이다.

나도 직장인이었을 때, 핸드백과 러닝 가방을 들고 출근했다. 아무리 바빠도 하루 중 나를 위한 1시간을 꼭 만들었다. 생활패턴을 바꾸고 우선순위를 바꿔야 한다. 그렇지 않으면 나를 위한 시간은 하루 중 단 1분, 1초도 만들 수 없다.

나와의 대화를 하면 뭐가 좋으냐고? 욕심을 조금씩 버릴 수 있다. 고민거리가 조금씩 가벼워짐을 느낀다.

'그게 뭐라고 포기를 못한 채 손에 꽉 쥐고 있었을까? 지금 내 심장이 터질 것 같고 다리가 아픈 것에 비하면 그건 별일도 아닌데.'

이런 경험이 있는가? 오랜 시간 가슴에 묻어둔 나의 이야기를 다른 사람 앞에 터놓다가 눈물들이 왈칵 쏟아지는 것 말이다. 얼마나 수도꼭지를 꽉 잠그고 살았으면 꼭지를 조금만 열어도 주체하지 못할 만큼 뿜어 나올까? 혼자 달리면서 울면 그게 눈물런(?)이다.

깊게 고인 내 이야기를 내가 들어준다. 해결되지 않아도 좋다. 들어주기만 해도 치유가 된다.

또는 아무리 쥐어짜도 나오지 않던 새로운 프로젝트의 아이디어가 떠오르기도 한다. 심장과 다리가 터질 것 같은 고통을 경험하고 나면, 머릿속이 깨끗하게 빈 것 같은 느낌이다. 문득 떠오른 생각이나 아이디어에 집중하게 된다. '아! 내가 왜 그 생각을 못했을까? 빨리 기획서 작성해봐야지!'

흩어진 마음을 정리하고 다시 들어 올리기

런트립을 기획할 때 내가 가진 소기의 목적은 초보 러너들이 보상의 힘, 즉 성취감을 얻게 하는 것이었다. 그래서 가장 먼저 한 일은 메달 디자인이었다. 다리를 들어 올리는 방법을 알려주기보다 '마음을 들어 올리는 방법'을 알려주고 싶었다. 사람들이 성취감을 느끼고, 자기 자신을 칭찬할 수 있도록 말이다.

전국을 달리는 런트립의 특성에 맞게 한반도 모양으로 메달을 제작했다. 메달의 디자인을 공개한 후, 런트립에 참여하고 싶다는 사람이 배 이상으로 늘었다.

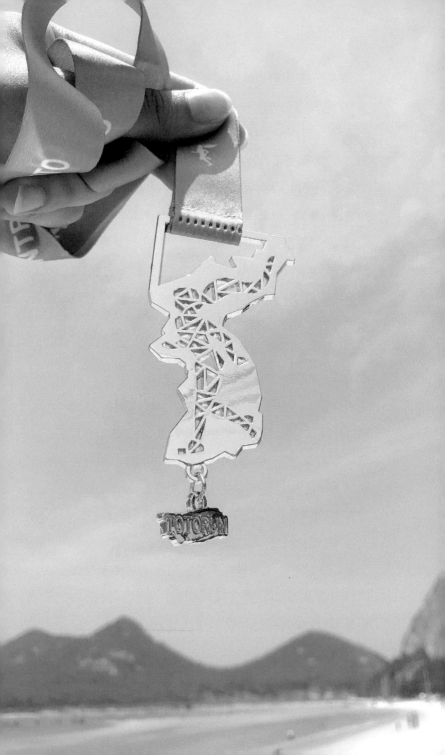

그만큼 사람들은 자기 자신의 마음을 다독이는 일에 목말라 있었고, 스스로의 가능성을 확인해보고 싶은 마음이 굴뚝같았던 것이다. 요즘 따라 유난히 무력하다는 생각이 들 땐 메달의 힘을 전적으로 믿어보자. 목에 건 메달은 그 무게가 커질수록 행복이 비례하여 늘어난다.

하루를 되돌아보는 일기처럼 당신도 달리기를 하며 하루를 정리해보는 건 어떨까? 다음과 같이 말이다.

_____의 러닝 일지

년   월   일

- **달린 시간** ○○ : ○○ ~ ○○ : ○○ am/pm
- **총 거리** ___ km 걷기 ___ 분(___ km) + 달리기 ___ 분(___ km)
- **km당 페이스** ○○ : ○○
- **기온** ___ ℃
- **오늘의 달리기 평가** 😄 🙂 😐 😕 😫
- **내일의 달리기 계획** _____

하루 10분만 달려도 나를 힘들게 만들었던 그간의 생각들이 금세 정리될 것이다. 흩어진 마음의 조각들이 하나씩 제자리를 찾아갈 것이다.

품격 있는
패자가 되는 연습

　　　　　달리기를 즐기는 사람은 크게 2가
지 유형으로 나뉜다. 첫째는 사람들과 만나고 대화를
즐기는 사교적 유형이고, 둘째는 고독과 명상을 즐기는
나 홀로 유형이다.

　나는 처음에 나 홀로 유형이었다. 내 몸의 변화보다
계절의 변화를 지켜보는 것이 더 흥미로웠다.

　사무실에서 갇혀 있다시피 일하다 보면 언제 겨울이
오고, 꽃이 피고, 낙엽이 지는지 모른다. 그렇기 때문에
사무실 밖을 달리면 비로소 계절의 속도를 느낄 수 있
었다. 어느 정도 달리는 일이 익숙해지면, 부모님을 감
동시키거나 면접관에게 괜찮은 지원자로 보이기 위해서

달리지 않게 된다.

내가 어떤 옷을 입어야 멋져 보일지, 얼마나 빠르게 달려야 사람들이 "우아" 하고 박수를 칠지 신경 쓰기보다, 내 인생에서 내가 무엇을 할 수 있을지 생각해보고, 그 목표를 이루기 위해 달리게 된다.

주체적으로 하는 일이 생겼다

러닝에 입문한 30대 직장인이 내게 흥분해서 말했다.

"러닝을 시작하고 나서 인생이 180° 달라졌어요. 하루하루가 너무 즐거워요. 퇴근 후, 주말이면 하고 싶은 일이 넘쳐요. 더 잘 뛰고 싶어 훈련도 해요. 러닝을 안 했으면 회사와 집을 오가며 애먼 시간만 잡아먹었을 거예요. 참 재미없는 인생이겠죠? 제 하루가 설레는 일들로 가득하게 될지 꿈에도 몰랐어요. 오늘은 한강을 달리러 갈 거예요!"

사람들은 좋아하는 일을 할 때 설레는 감정을 느낀다. 나는 대학을 졸업한 뒤로 설렘을 느끼지 못했다. 설레는 일이라곤 없었다. 두근거리는 인생도 아니었다. 좋아서 하는 일보다 해야 하는 일이 많아서였다. 하지만 달리기를 시작한 후로 같은 일을 하더라도 주체적으로 하기 시작했다.

"어떻게 하면 옆자리의 문대리보다 조금 더 재미있게 일할 수 있을까?"

"똑같은 일이지만 어떻게 하면 조금 더 설레는 마음으로 일할 수 있을까?"

설레는 이와 설레지 않는 이가 만들어낸 결과물은 천지차이였다.

패배를 인정하는 값싼 훈련

늘 최상의 결과물이 나올 순 없다. 늘 이기고 살 순 없듯이 말이다. 달리기를 통해 패배를 인정하는 연습을 하면 된다. 넘어져봐야 하고, 선의의 경쟁에서 져봐야 하고, 실패를 맛보아야 한다. 이 과정에서 우리는 한 단계 성장한다. 중요한 것은 이 실패가 나쁘지만은 않다는 것이다.

조금 더 잘 달리고 싶은 욕심이 생겨 훈련에 열중한 적이 있다. 달리는 즐거움을 잊은 채 매일 저녁, 러닝 계획에 맞춰 어둠 속을 달렸다. 약속을 줄이고 체중도 줄였다. 결전의 날을 앞두고 몸에 좋은 음식도 많이 먹고 잠도 푹 잤으니 대회일에 컨디션이 최상이었다.

하지만 원하는 등수에 오르지 못했고, 원하는 기록

이 나오지 않았다. 상실감에 오랜 시간 속이 쓰리다가, 결국 패배를 인정할 수밖에 없었다. 시원하게 인정하자 마음에 평화가 찾아왔다. 그리고 결심했다.

'그래, 다시 달려보자!'

열심히 훈련해도 기록이 기대만큼 나오지 않으면 상실감에 빠진다. 그날의 몸 상태와 주변 환경, 그리고 날씨와 컨디션에 따라 기록은 천차만별이다. 하지만 인생에서 느끼는 작은 상실감과 아쉬움은 오히려 득이 된다.

사실 달리기를 통해 실패를 경험한다 한들 손해 볼 일이 전혀 없다. 인생에 닥쳐올 큰일들을 지혜롭게 대비하기 위한 '값싼 훈련'을 하는 셈이니 말이다. 순간의 행복도 중요하지만 인생은 단거리 달리기가 아니다. 장거리 마라톤이다. 더 멀리 볼 수 있는 시야를 길러야 한다.

중요한 것은 그다음이다. 패배를 인정한 후에는 뭘 하면 좋을까? 첫째, 내가 얼마나 성장했는지를 살피자. 둘째, 나 자신을 칭찬하자.

"그 전보다 호흡에 더 집중했어.", "이전보다 수학 점수가 더 많이 올랐네?", "지난해보다 보고서 평가가 더 좋게 나왔군. 잘했어!" 패배를 인정하면 실패에 대한 두려움보다 도전 자체에 대한 자신감을 키울 수 있다. 내가 시험에서 2등을 했다고 실패자는 아니다. 도전에 성공한 위대한 승자다. 나를 칭찬한 후에는 무엇을 하냐고? 다시 도전하자.

우리가 흔히 패배를 싫어하는 이유는 상대방으로부터 경멸을 받거나, 뒤떨어진다는 주변의 평가가 두렵기 때문이다. 졌다는 사실에 냉정하게 대처하고 유연하게 웃을 수 있다면 승패에 관계없이 존경받을 수 있다.

그릇이 큰 사람은 패배를 인정하는 자다. 달리기에는 1등만 기억하는 공식이 적용되지 않는다. 아쉽게 순위에 들지 못한 4등, 즐겁게 달린 259등, 그리고 꼴등도 위대한 완주자다.

나는 마라톤대회에 참가할 때마다 패배하더라도 인정하고 다시 일어서는 연습을 한다. 그러면 조금 더 큰 형태의 패배도 인정하게 되었다. 쓰린 속을 달래주는 위장약처럼 달리기만으로 마음이 넉넉한 사람이 될 수 있다니, 얼마나 저렴한 마음 치료제인가?

1등보다 꼴찌에게
더 큰 환호성이 쏟아질 수 있다.
마라톤은 혼자 달리지만 외롭지 않은
아이러니한 운동이다.

내가 러닝전도사가
된 진짜 이유

　　"죄송한 말씀이지만, 러닝전도사로
일하면 수익이 있나요?"

　사람들은 내게 조심스레 묻는다. 친구들도 묻는다.
"너…, 돈은 버니?" 그럴 때마다 나는 빵 터져버린다.
나는 순수하게 행복과 건강을 위해 러닝전도사라는 직
업을 만들었지, 돈을 벌기 위해 택한 것이 아니다.

　이 즈음에서 내가 왜 이 길을 가게 됐는지 나의 과거
를 털어놓아야 할 것 같다. 당시에는 어렵고 힘들었지
만, 지금은 내가 원하는 삶을 살 수 있는 값진 경험이자
자산이 되었으니 말이다.

직장 내 '왕따'의 우울증 극복기

나는 직장 내 왕따를 경험했다. 처음부터 왕따를 당했던 것은 아니다. 달리기로 유명세를 타고 신문과 잡지에 내 이야기가 실리면서 시작되었다. 점심시간, 휴식시간, 야근시간까지 은근하게 따돌리는 것은 물론이고, 이직을 권고받기도 했다.

심지어 어느 날은 화장실에서 나의 뒷이야기를 우연히 듣기도 했다. 하루에도 몇 번씩 화장실로 가 펑펑 울었다. 벌건 눈을 가리기 위해 고개를 숙이고 아무렇지 않은 척 자리로 돌아와야 했다.

마음을 단단히 먹고 성과로 인정받고자 했다. 하지만 그럴수록 동료들은 더 매몰찼다. 끼니를 거르고 일에만 몰두해도 더 열심히 하라는 핀잔만 들었다.

만만하게 보였던 것일까? 누구나 꺼리는 영양가 없는 프로젝트를 나 혼자 떠맡게 되었다. 어느 누구도 수고한다는 말 한마디 하지 않았다. 메신저를 통해 나와 관계없는 다른 부서 과장님의 일거리를 받기도 했다.

나는 회사 업무를 소홀히 한 적이 없다. 주말에 다른 삶을 산다는 사실만으로 따돌림을 당했다. 복도를 오갈 때 동료들과 눈이라도 마주치면, 내 눈동자는 갈 곳을 잃고 흔들렸다. 회사에 내 편이 아무도 없다는 생각에 숨이 막히고 답답했다. 결국 우울증을 앓게 됐다.

어느 누구와 대화하고 싶지 않았고, 퇴근길 지하철은 숨이 막혀 타지 못했다. 생리가 멈췄다. 3개월이 넘도록 생리대를 구매할 일이 사라지자, 이건 아니라는 생각이 들었다. 내가 억만금을 받는 것도 아니었고, 동료의 인정을 받는 것도 아니었고, 성취감이나 보람을 느끼는 것도 아니었다.

매일매일 지옥 같은 삶

취업에 성공했다는 환희와 자부심도 잠시였다. 나의 회사 생활은 마치 불구덩이로 뛰어드는 하루살이 같았다. 퇴근 후에는 불에 덴 가슴을 스스로 쓸어내리느라 바빴다. 다음날 아침이면 아물지 않은 가슴을 토닥이며 제 발로 불구덩이에 또다시 걸어 들어갔다.

직장 내 따돌림은 나에게 굴욕감과 패배감을 가져다주었고, 정신적인 압박이 컸다. 삶의 행복과 냉혹한 현실 사이에서 수많은 고민을 하게 됐다.

그럴수록 나는 더 자주 운동화를 집어 들었다. 해가 긴 여름에는 30분 일찍 일어나 동네를 1바퀴 달린 후 출근했다. 해가 짧아진 겨울에는 회사 근처에 가장 저렴한 헬스장을 등록해 점심시간마다 트레드밀 위를 달렸다.

점심회식이 있거나, 점심을 거르고 일해야 하는 날이면 20여 층까지 걸어 올라가는 것으로 운동을 대체했다. 24시간을 괴로운 마음으로 지낼 바에야 30분 일찍 일어나 달리거나 점심시간에 달리면서 마음을 정화했다.

유독 힘든 하루를 보낸 날이면, 퇴근 후 동작역에서 시작해서 잠수교, 한남대교, 동호대교를 거쳐 성수대교를 찍고 다시 동작역으로 돌아왔다. 그렇게 2시간을 달리고 나면 이유 없이 나를 미워했던 사람들이 용서됐다. 다음 날이면 먼저 밝게 인사를 건네는 '승자'가 될 수 있었다.

조금씩 마음의 변화가 일어났다. 어떤 말과 행동에도 쉽게 상처받지 않게 되었다. 상처받을 때마다 따라오는 패배감도 사라졌다. 달리는 동안에 해방감을 느꼈고, 그 해방감으로 업무에 더욱 집중할 수 있었다. 그로 인해 사람들로부터 다시금 성과로 인정받게 되었고, 차츰 일에 대한 재미도 느낄 수 있었다.

그렇게 나는 또다시 달리기를 통해 삶의 장애물을 극복했다. 건강하지 않은 폐를 튼튼하게 만들었고, 취업에 고군분투하느라 괴로웠던 시절도 이겨냈고, 왕따로 사회에 적응하지 못하던 그 순간도 이 악물고 버텼다.

내 삶에 찾아온 장애물의 방식과 모양은 조금씩 달랐지만, 분명한 것은 마인드 변화를 통해 힘든 시기를 극복하고 새로운 삶의 태도를 얻었다는 것이다.

고통 속에서도 오래 버텨서 살아남는 법을 알게 됐다. 다시 말해 버티는 자가 살아남는 자였다. 나는 달리기를 통해 내면을 단련시켰다. 달리기가 우울증을 변화시킨 것이다. 다시 친구들을 만날 용기가 생겼고, 오랜 시간이 걸렸지만 다시 생리대를 구매하게 되었다.

당신의 삶에 장애물은 무엇인가요?

인생의 장애물은 어떤 형태로 다시 나에게 다가올지 모른다. 하지만 생각의 전환과 마인드의 변화로 지혜롭게 극복할 수 있다.

다리 근육을 강화해 장애물을 가볍게 뛰어 넘을 수도 있고, 무심하게 옆으로 슬쩍 피해 돌아갈 수도 있다. 때론 허리를 숙여 장애물 밑으로 기어갈 수도 있고, 그 장애물을 어깨에 둘러멘 채 무기로 사용할 수도 있다.

중요한 것은 어떻게 마인드를 변화시켰냐는 것이다. 그 변화를 일으키는 가장 쉽고, 빠르고, 합리적인 방법은 달리기다. 달리기로 인생을 송두리째 바꿀 순 없지만, 적어도 오늘 하루는 변화시킬 수 있다. 그 변화된 하루들이 모여 만들어진 인생은 분명 불구덩이 속에서 단련된 다이아몬드가 될 것이다.

이렇게 나는 나의 건강과 행복을 위해 러닝전도사가 되었다. 그 건강과 행복을 나 혼자 알기에 너무나 아쉬워 다른 사람들과 공유하고 싶어졌다.

지금 나의 얼굴에 행복이 묻어나고, 그 행복이 민들레 홀씨가 흩날리듯 바람을 타고 멀리 퍼졌으면 좋겠다. 그래야 다른 곳에서 꽃피울 수 있으니까. 그렇게 나는 러닝전도사를 넘어서 행복전도사가 되기로 결심했다.

런트립, 낯선 도시를
여행하는 완벽한 방법

중국에서 비자가 나오기만 기다릴 때였다. 상황은 나아지지 않았고, 급기야 중국은 한국으로 여행 오는 것을 금지시켰다. 중국에 진출한 한국 브랜드들은 계속해서 문을 닫았다. TV 뉴스를 볼 때마다 나는 좌절했고, 그럴수록 최대한 먼 곳으로 떠나고 싶었다.

내 인생에서 벗어날 수 있는 한 가장 먼 곳으로 도망가기로 했다. 1년이란 시간 동안 국내, 해외를 가리지 않고 많은 곳을 다녔다. 조금 색다른 여행지를 찾아 떠났다. 볼거리와 관광객이 많은 여행지보다 아무도 찾지 않을 것 같은 장소로 여행을 시작했다.

그것이 런트립인지도 모르고, 나 홀로 런트립을 떠났다. 나는 '울산행' 버스에 올랐다.

처음 만난 날 모든 것을 기억해

나는 동네 친구와 대학교 친구가 전부였다. 새로운 시작인 줄 알았던 대학교 졸업은 알고 보니 새로운 사람을 자유롭게 만날 수 있는 환경도 졸업한다는 의미였다. 다른 지역에 살고 있는 친구를 사귀는 방법도 몰랐고, 그럴 생각도 하지 않았다.

울산으로 여행 간 이유는 때마침 3.1절 울산마라톤대회가 열렸고, 그곳에 러닝크루가 있다는 사실을 듣고 궁금해서였다. 왜인지 그들을 만나보고 싶었고, 다른 이유는 없었다.

울산에서 만난 친구들은 내게 고속도로 위에 있는 '졸음쉼터' 같은 존재가 되어주었다. 고민 덩어리들은 여전히 내 안에 있었지만, 복잡한 머리를 식혀주고 언제든지 커피 한잔 마실 수 있는 편안한 친구들이었다. 오래 알고 지내지 않아서 오히려 편안했다. 나도 그 친구들에게 여행지 같은 사람이 되어주고 싶었다.

내가 그들을 사귄 것은 인생에서 '졸음운전'을 하는 실수를 면한 것과 같다. 그동안 도로 위를 질주하기 위해 엑셀만 밟아왔다. 살다가 지치면 발을 옮겨 브레이크도 밟았어야 하는데, 그래야 다리에 쥐가 안 나는데 말이다.

졸음쉼터에서 러닝크루들과 함께 쉬었다 가는 방법을 배웠다. 그렇게 일상생활로 돌아온 나는 활력을 얻고 마음을 진정시킬 수 있었다.

내가 어디를 가든 외롭지 않게 함께 달려주고 이야기를 들어줄 사람이 있다는 것은 축복이다. 런트립에서 만났던 러너들과는 평균 2달에 1번꼴로 만난다. 서로 멀리 떨어져서 살지만, 마라톤 대회장이나 제3의 여행지에서 자주 만난다. 고등학교 동창보다 더 자주 보는 셈이다. 멀리 살지만 계속해서 인연을 이어나간다.

말레이시아에도 친구가 생겼다

캐나다, 미국, 일본 그리고 동남아에도 나를 반겨주는 친구들이 생겼다. 한국 친구들만큼 자주 볼 수는 없지만 메신저를 통해 안부를 묻는다. 제3국에서 열리는 마라톤대회에서 만날 수도 있고, 반대로 한국에 여행을 온 친구들과 전국을 함께 달릴 수도 있다.

말레이시아의 마라톤대회에 참석했을 때 한 친구가 말을 걸어왔다. 부산에서 교환학생을 했다며 서툰 한국어로 말했다. 그리고 내년 봄에 한국에 와서 같이 달리 겠다고 약속했다. 겨울엔 스키장에도 가보고 싶다고 했 다. 우리는 이미 러너라는 이유로 깊은 공감대를 형성 하고 있었다.

부산 친구를 사귀고 싶은가? 그럼 부산을 달리면 된 다. 일본 친구를 사귀고 싶은가? 그럼 일본을 달리면 된 다. 함께 땀을 흘릴 수 있는 친구는 당신의 인생길을 함 께 여행할 둘도 없는 친구가 된다.

그들은 정말 다양한 분야에서 일하고 개성 넘치는 성 격을 가진 사람들이다. 직종이 다르거나 다른 취미를 가진 사람들과 의도치 않게 사업을 함께할 수도 있다. 인생을 공유할 수도 있다. 그중에서 분명 나에게 영감 을 주는 사람들이 있다.

나는 뛰어난 러너 친구의 코칭을 받기도 했다. 전문 코치이거나 경험이 많은 연장자는 아니었다. 나보다 한 참이나 어리지만 실력이 뛰어난 동생에게서 달리기를 배웠다. 힘들고 어려운 일이 있다면 남녀노소 불문하고 조언을 구해보자. 도움을 요청하는 것은 퍽퍽한 삶을 유연하게 살아가는 방법이기도 하다.

"좋은 신발은 좋은 길로 안내한다."는 말이 이런 뜻이 아닐까? 나의 발걸음은 부산 같은 대도시는 물론이고

달리기를 한다고 해서
마음속 고민이 사라지는 것은 아니다.
다만, 멈추지 않고 일어설 용기와
든든한 친구들이 생긴다.

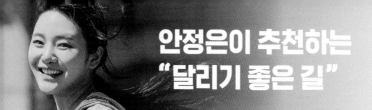

안정은이 추천하는 "달리기 좋은 길"

남산공원
서울 중구 삼일대로 231

러닝코스: 국립극장 – 남산공원 북측 순환로 – 팔각정 – 남산공원길 – 국립극장(총 8km)

올림픽공원
서울 송파구 올림픽로 424

러닝코스: 호반의 길(총 1.3km) 또는 젊음의 길(총 3.1km)

수원 화성행궁
경기 수원시 팔달구 정조로 825

러닝코스: 화성행궁 – 장안문 – 창룡문 – 팔달문(총 6km)
추천 마라톤대회: 경기국제하프마라톤

인제 속삭이는 자작나무숲
강원도 인제군 인제읍 원대리 763-4

러닝코스: 안내소 – 자작나무숲 – 자작나무숲 탐방로 1코스(총 4km)
추천 마라톤대회: 화이트트레일인제

영월 동강
강원 영월군 영월읍 하송리

러닝코스: 동강둔치 – 동강대교 – 영월역 – 동강길 – 동강대교 – 동강둔치(총 5km)

군산 선유도
전북 군산시 옥도면 선유남길 34-22

코스1: 새만금방조제 – 신시도 – 무녀도 – 선유도해수욕장(총 10km)
코스2: 신시도복지회관 – 군산대교 – 무녀도 – 선유대교 – 선유도해수욕장(총 5km)
추천 마라톤대회: 군산새만금국제마라톤

안정은이 추천하는
"달리기 좋은 길"

경주 보문호
경북 경주시 신평동

코스: 보문관광단지 – 경주월드 – 경주동궁원 원점 회귀(총 9km)
추천 마라톤대회: 경주벚꽃마라톤

울산 태화강십리대밭
울산 중구 태화동 969-12

가는 코스: 태화강대공원 오산못 방향 십리대숲 – 십리대밭교 – 번영교
오는 코스: 번영교 – 태화루사거리 – 태화강대공원 대나무 광장(총 7km)
추천 마라톤대회: 3.1절 울산마라톤대회

부산 미포철길
부산 해운대구 달맞이길62번길 13

가는 코스: 미포철길 – 청사포등대
오는 코스: 청사포등대 – 해운대 달맞이길(총 5km)
추천 마라톤대회: 마이런부산

제주 월정리해수욕장
제주 제주시 구좌읍 김녕로 209

러닝코스: 구좌종합운동장 – 월정리해수욕장 – 구좌종합운동장(총 10km)
추천 마라톤대회: 제주국제관광마라톤축제

나는 오늘 모리셔스의
바닷가를 달린다
안정은 지음

포항, 대구, 광주, 강릉, 전주 등의 지역 크루들에게 향했다. 심지어 제주도에도 크루가 있다. 그리고 지금도 많은 러닝크루가 계속해서 만들어지고 있다.

이 말은 즉, 달리기를 통해 제주도에 살고 있는 친구를 사귈 수 있다는 뜻이고, 강원도를 가거나, 부산을 가도 함께 달려줄 이들이 있다는 뜻이다. 상상만 해도 든든하다. 나는 더 이상 외롭지 않다.

모리셔스에서 만난 낯선 남자

나는 아침에 달리는 것을 좋아한다. 특히 모리셔스의 아침 바닷가는 너무나 황홀해서 책 제목에도 모리셔스를 넣었다. 이곳은 아직 국내에 많이 알려지지 않았다.

나는 칼럼을 통해 여행 매거진 독자들에게 여자라면 꼭 달려야 할 여행지로 모리셔스를 소개한 적 있다. 위치는 마다가스카르와 레위니옹, 그리고 세이셸과 가까이 붙어 있다. 제주도와 비슷한 크기와 모양에 섬 주위로 에메랄드 빛 바다가 펼쳐진다.

바닷가 둘레를 따라 리조트가 죽 들어서 있다. 어디에 묵더라도 테라스 방문을 열면 눈앞에 멋진 바닷가가 펼쳐진다. 매일 달리고 싶어진다. 브라탑만 시원하게 입고 달리면, 마치 섬에 전세를 낸 듯한 자유를 누릴 수 있다. 화보 속 언니들처럼 내가 끝내주게 멋진 인생을 사는 것 같은 느낌이 든다.

낯선 곳을 달리면 뜻밖의 인연을 만나기도 한다. 여느 때와 다름없이 모리셔스의 아침을 달리고 있었다. 그러다 한 남자로부터 기분 좋은 초대를 받았다.

"모리셔스에서 달리는 너의 사진을 봤어. 나는 레위니옹의 매거진 기자로 일해. 나도 달리기를 좋아하는데, 레위니옹에도 매년 10월이 되면 국제 트레일러닝 대회가 열리거든. 레위니옹을 함께 달려보지 않을래?"

그렇게 나는 레위니옹행 비행기 티켓을 발권했다. 지금은 그날을 손꼽아 기다리고 있다. 이렇게 달리기를 하다 보면, 뜻밖의 친구를 사귀기도 하고 선물 같은 하루가 주어지기도 한다.

내가 발을 디딘 곳의 모든 것을 기억한다.
그날의 온도, 살랑 불어오는 바람의 방향,
그리고 나만이 알고 있는 비밀 맛집까지.
새로운 친구를 만나기에 더없이 좋다.

어느 날,
'런태기'가 왔다

달려도 또 달리고 싶던 달리기가 갑자기 싫어졌다. 행복하게 웃으며 달리는 이들의 사진을 봐도 별 감흥이 없다. 재미있는 러닝 이벤트가 있다고 해도 "그게 뭐?" 하고 외면했다.

달리기를 의무감으로 시작했다면 조금 더 빨리, 자주 찾아온다. 갑작스러운 마음의 변화에 놀랄 수 있다. 달리지 못할 것 같다는 두려움에 사로잡힐 수 있다.

중독될 만큼 좋아하는 일에도 권태기가 찾아온다. 여행에도 권태기가 있고, 사랑에도 권태기가 있는 것처럼 말이다. 흔히 러닝에 찾아오는 권태기를 '런태기'라고 부른다. 내가 런태기를 극복한 방법은 다음과 같다.

첫째, 주위 사람들에게 내가 런태기라는 것을 알린다. 그러면 당신에게 달리기를 강요하지 않을 것이다. 당분간 아예 달리기 생각을 하지 않는 것도 좋은 방법이다. 나는 나 자신에게 이렇게 말했다.

'그래 조금 쉬어. 그동안 고생 많았어.'
'생각 없이 쉬다 보면 곧 돌아가게 될 거야. 그때 다시 달리면 돼.'

런태기로부터 완전히 벗어나지는 못해도 충분한 해방감이 든다.

둘째, 친구와 함께 달려본다. 혼자 쉼 없이 달렸다면 그것이 원인일 수 있다. 친구와 이야기를 나누며 달리면, 앞만 보는 게 아니라 옆도 보면서 달리게 된다. 주변에 관심이 쏠리고, 마음에 여유가 생긴다. 달리기의 근본적인 목적인 '즐거움'을 다시금 느낄 수 있다. 친구의 어깨를 툭 치며 수고했다고 말하고 웃는 나를 보면 '내일은 서울숲을 달려야지!'라는 생각이 들 것이다.

셋째, 다른 이의 달리기를 응원한다. 함께 달리는 것도 싫어졌다면, 친구의 마라톤 도전을 응원하는 것은 어떨까? 대회가 아니더라도 러닝모임에 나가 달리는 사

람들을 바라보자. 땀인지 눈물인지 구분이 안 갈 정도
로 땀을 흘리는 러너들을 보면 이런 생각이 든다.

'나도 저렇게 열정적으로 달리던 때가 있었는데, 다시 저렇
게 달릴 수 있을까?'
'저 사람은 모든 에너지를 쏟아서 달리는구나, 나도 다시
달려볼까?'

인생의 권태기를 극복하는 방법도 '달리기 공식'과 다
를 바 없다. 먼저 자신이 권태기라는 사실을 주변에 알
리고, 여럿이 함께하며 달리기의 근본적인 목적을 일깨
운다. 이때 열정적으로 살아가고 있는 사람들의 삶을
살피는 것도 도움이 된다.

우리 엄마는 인생에 권태기가 오면 재래시장을 찾아
간다. 시끄러운 흥정 소리와 함께 열심히 살아가는 사
람들의 모습을 보면 힘을 얻고 돌아온다고 했다.

런태기를 지혜롭게 이겨내면 썩은 양파를 한 껍질 벗
겨낸 것처럼, 그 전보다 더 자유로워진다. 런태기와 권
태기는 누구에게나 온다. 하루라도 일찍 이것으로부터
해방되는 사람이 진정한 승자다. 그 하루만큼 더 달릴
수 있기 때문이다.

지금 당장 달리기를 멈추고 싶어지면

정신과전문의 문요한 박사는 말했다. "만족과 행복은 공짜로 주어지지 않으며, 반드시 불편을 대가로 원한다." 다시 말해 자발적으로 불편을 견딜수록 만족과 행복은 아이러니하게 증폭된다. 반대로 불편을 겪으면 행복이 보장될까?

그렇지 않다. 마지못해 받아들이면 만족감은 낮아진다. 나의 행복을 위해서라면 '기꺼이' 해야 한다. '기꺼이 받아들이기'를 연습하는 가장 좋은 방법은 달리기다.

나는 러닝기계라는 별명이 있다. 그러나 나도 사람인지라, 달리는 도중에 고통스러워 포기하고 싶을 때가 많다. 1km를 달려도 고민한다. '조금만 천천히 뛸까?', '오늘은 여기까지만 뛸까?' 111km를 달린다면 111번 고민하는 셈이다.

달리기를 멈추고 싶을 때면 나는 피니시 라인에서 나를 기다리는 사람들을 생각한다. 그런데 달리는 순간이 너무 고통스러워 이조차 잘 먹히지 않을 땐 다른 방법을 사용한다.

반환점을 돌아오는 사람들 한 명, 한 명의 기운을 받는다. 빨리 달릴 때 효과가 더 크다. 반대편에서 달려와 나를 스쳐 지나가는 사람들의 숨소리와 바람소리를 느껴보자. 나도 모르게 온몸에 전율이 느껴지고 힘이 솟는다. 나는 '국가대표 선수다.'라고 생각하는 것도 큰 도움이 된다.

반환해서 돌아올 때 불어오는 바람이 다르다는 것을 느낀다. 달리기에 도움을 주던 순풍이었는데, 반대편에서 불어오는 바람은 달리기를 방해하는 역풍이다. 시원하게 느껴졌던 날씨가, 반환하는 그 순간 무더운 동남아인 듯한 착각을 불러일으키기도 한다.

한 발짝 뒤에 무슨 일이 벌어지고 있는지 모르듯, 내일 우리의 인생에도 어떤 일이 벌어질지 모른다. 미래에 벌어질 일을 확인하고 싶다면 계속 전진하는 방법밖에 없다.

사실 계속 달린다는 것 자체가 고통이다. 잘 안다. 그러나 나는 때때로 이 고통을 즐기는 것 같다. 내가 기꺼이 선택한 고통의 과정 속에서 내가 살아있음을 느낀다. 결국 멈추지만 않는다면 어떤 장애도 지혜롭게 이겨낼 수 있다.

여름과 겨울에 멋있게 달리는 법

달리기는 사계절 내내 즐길 수 있다. 더운 나라에 가거나, 추운 나라에 가도 달릴 수 있다. 벚꽃부터 눈꽃까지 황홀한 달리기를 안전하게 하기 위해 주의사항을 안내한다. 이 기간을 어떻게 보내는지가 얼마나 행복한 봄과 가을의 러너가 될지 결정한다.

Q 여름철 달리기를 만끽하려면?

A 가만히 있어도 땀이 비 오듯 쏟아지는 여름, 러너들은 가을의 마라톤을 위해 무더위를 달린다. 몇 가지만 주의하면 된다. 햇볕이 강한 낮보다 새벽이나 저녁 달리기를 추천한다.

저녁은 최대산소섭취량이 높은 시간대로, 낮보다 운동 강도를 높일 수 있다. 낮에 달리면 탈수나 현기증을 야기할 수 있고, 자외선 지수가 높아 단 몇 분의 노출에도 화상을 입을 수 있다. 어쩔 수 없이 낮에 달려야 할 때는 나무그늘이나 가로수가 우거진 공원을 달린다. 자외선 차단제를 꼼꼼히 발라 피부가 상하지 않도록 하자.

Q 체내 수분을 유지하는 방법은?

A 체내에 수분이 부족하면, 체온이 오르고 호흡과 맥박이 빨라진다. 자칫 하면 의식을 잃을 수 있다. 운동하는 중일 때보다 운동 전에 하는 수분 섭취가 더 좋다.

운동 전에 마시는 물은 수분 유지와 함께 몸의 온도를 적절하게 유지하는 역할을 한다. 운동 도중에 뜨거워진 몸을 식히기 위해 머리나 몸에 물을 뿌리는 것은 별로 도움이 되지 않는다.

체내 수분량을 유지하려고 노력하자. 몸무게를 측정해 달리기 전후의 몸무게를 동일하게 맞추면 된다. 달리고 나서 몸무게가 줄었다면 그만큼의 수분을 잃은 것이다. 몸무게가 500g 줄었다면 같은 양인 물 500mL를 섭취하자. 1시간 이상 달렸다면 이온음료를 통해 땀으로 배출된 나트륨 등 전해질을 보충하는 것이 좋다.

Q 겨울엔 어떤 옷을 입어야 하나?

A 면으로 된 옷은 피하자. 흡수성은 좋으나 발수성은 적어서 땀이나 눈비에 옷이 젖으면 잘 마르지 않는다. 발수성이 좋은 폴리프로필렌 소재가 좋다. 바람이 강할 때에는 방풍의가 필요하며, 눈비가 올 때는 젖지 않는 고어텍스 소재가 좋다. 겨울이라도 햇볕이 강하거나 눈이 많이 왔다면 눈 보호를 위해 선글라스를 착용하자.

겨울엔 저체온증을 예방하기 위해 얇은 옷을 여러 겹 껴입는 게 좋다. 달리기 전에는 추워도, 달리기 시작하면 땀이 흐르기 때문에 체온이 오른다. 너무 두껍게 입지 말고, 체온이 오를 때마다 얇은 옷을 하나씩 벗자.

Q 옷 입는 순서가 따로 있나?

A 옷 입는 순서에 따라 그 효과가 천차만별이다. 피부와 맞닿는 가장 안쪽의 의류는 땀을 흡수하지 않는 재질이 좋다. 땀으로 옷이 젖어버리면 냉동실 안에 누워 있는 것과 같다. 그다음엔 절연체의 섬유로 된 옷을 입고, 마지막 겉옷은 바람을 막아주고 열의 방출을 막는 윈드브레이커 종류의 의류가 좋다. 추울 때는 고어텍스로 된 윗옷을 입자. 무게가 가볍기 때문에 바람이 많이 불거나 기온이 낮은 날 최적의 의류다.

Q 뛸 때 더 멋있어 보이는 러닝 아이템은?

A 러닝시계 혹은 암밴드로 페이스를 조절할 수 있다. 달리면서 핸드폰이나 신용카드, 열쇠 같은 귀중품을 꼭 소지해야 한다면, 힙색hip sack이라 불리는 허리에 차는 작은 주머니를 활용하자.

20km 이상 장거리를 달리는 경우, 반복적으로 살이 맞닿는 부위의 쓸림을 방지하기 위해 바세린을 바르면 상처를 미리 예방할 수 있다. 대회 후에 땀을 닦을 수 있는 물티슈도 있으면 좋다.

양말을 신는 꿀팁을 소개한다. 양말은 운동화와 마찬가지로 길을 들여야 한다. 방금 포장을 뜯은 새 양말을 신고 장거리 달리기를 하면 안 된다.

재질은 면이나 혼방으로 된 것이 좋으며, 발에 꼭 맞는 것이 좋지만 혈액순환을 막을 정도는 곤란하다. 발목 정도 오는 길이가 좋다. 양말의 목이 너무 짧으면 발뒤꿈치를 타고 흘러 내려간다. 달리기에 굉장히 방해될 것이다.

PART 4

어떻게 해야 더 빠르게,
잘 달릴 수 있을까?

이제 가벼운 달리기는 두렵지 않은가? 힘차게 팔을 뒤로 빼기도 하고 왼발이 바닥에 닿기 전에 오른발이 공중에 뜬다. 발걸음이 가볍다. 가벼워진 몸으로 계속 달리고 싶다. 당신은 이제 더 멀리 달릴 준비가 되었다.

풀코스 마라토너가 되는
기적의 100일 프로그램

마라톤을 달릴 준비가 되었는가?
100일 만에 풀코스 마라토너가 되는 14주 프로그램을
소개한다. 아디다스 러닝 김용택 감독님의 검수를 받아
완성된 이 프로그램은 마라톤에 처음 도전하는 초보자
들을 위한 스케줄이다. 개인기록을 갱신하기 위한 훈련
이라면 적절하지 않다.

많은 초보 러너들이 이 프로그램으로 풀코스를 완주
할 수 있었다. 5km를 달리는 것에 별로 부담을 느끼지
않는 초보 러너에 한해서 누구나 따라 할 수 있도록 짜
여졌다.

1~3주차: 목표는 '완주'다

'4시간 안에 완주하기', '5시간 안에 완주하기' 대신에 다른 목표를 세워보는 것은 어떨까? '걷지 않고 달리기', '웃으며 피니시 라인 들어오기'와 같은 것들 말이다.

인생의 기념비적인 마라톤을 성공적으로 완주했음에도 불구하고 10분, 혹은 1분 차이로 목표에 도달하지 못했다고 슬퍼하는 것은 애통한 일이다. 일단 목표를 '무사 완주'로 잡자.

초보 러너라면 거리에 대한 두려움이 가장 크다. 그렇기에 무작정 거리 늘리기에만 기를 쓰고 연습하는 경우가 많다. 하지만 긴 거리를 달릴 수 있는 체력을 기르는 것이 중요하다.

10km를 달릴 수 있다면 하프코스를 달릴 수 있고, 하프코스를 달릴 수 있다면 풀코스 마라톤 완주가 가능하다. 100일간의 목표는 풀코스의 절반을 편안한 상태로 달리는 것이다. 100일간의 연습을 통해 이것만 된다면 풀코스 완주도 가능하다. 훈련에서 42km를 달리는 것은 매우 힘들지만, 21km를 달리는 것은 충분히 가능하다.

달리기 훈련을 꾸준히 하면 폐활량은 충분히 증가한다. 실전에서 긴 시간을 달려도 숨이 차지 않는다. 문제는 다리가 움직이지 않는다는 것이다. 나도 25km 지점

월요일	화요일	수요일	목요일	금요일	토요일	일요일
산책 및 휴식	동적 스트레칭♦	동적 스트레칭	산책 및 휴식	동적 스트레칭	동적 스트레칭	동적 스트레칭
	걷기 10분 + 달리기 30분 + 걷기 10분	걷기 10분 + 달리기 40분 + 걷기 10분		달리기 40분 + 계단 오르기♦♦♦♦ + 달리기 10분	걷기 20분 + 달리기 30분 + 걷기 10분	걷기 10분 + 달리기 60분(1주차), 70분(2주차), 80분(3주차)
	정적 스트레칭♦♦	기초체력 보강훈련♦♦♦		정적 스트레칭	정적 스트레칭	정적 스트레칭
		정적 스트레칭				

♦ 목, 어깨, 손발목 돌리기 등 관절을 움직여 관절 주변의 근육을 풀어준다.
♦♦ 요가를 하듯 운동한 부위의 근육을 최대한 늘린 상태로 15~30초간 자세를 유지한다.
♦♦♦ 팔굽혀펴기, 플랭크, 복근운동 등이 포함된다.
♦♦♦♦ 몸에 균형을 잡고 2칸씩 걸어 올라간다. 처음엔 5층을 3회에 걸쳐 오르고(15층), 익숙해지면 5층을 5회에 걸쳐 올라(25층) 점차 횟수를 늘려나간다.

에서 주저앉은 적이 있다. 42km 내내 몸을 지지해줄 근력이 부족한 탓이었다.

따라서 1~3주차의 핵심은 꾸준한 달리기를 통한 체력 다지기다. 무리하게 달리는 것보다 걷기와 달리기를 적절하게 조절하여 몸을 만드는 것이 중요하다. 달린 거리를 늘리기보다 달리는 '시간'을 늘린다고 생각하며 가볍게 천천히 달리자. 시간 및 거리 측정은 러닝시계나 스마트워치, 핸드폰을 이용하면 된다.

4~6주차: 기초체력을 탄탄하게 다질 때

4~6주차는 기초공사를 다진다고 생각하며 운동하는 것이 좋다. 기초체력이 있어야 몸에 균형과 리듬이 생기므로, 6주차 훈련까지는 꾸준히 달려보자. 특히 '기초체력 보강훈련'과 '계단 오르기'를 열심히 하자. 피로감이 몰려오거나 너무 힘들면 강도를 한 단계 낮춰서 하는 것이 바람직하다. 기초공사의 진가는 분명히 발휘된다.

월요일	화요일	수요일	목요일	금요일	토요일	일요일
산책 및 휴식	동적 스트레칭	동적 스트레칭	동적 스트레칭	동적 스트레칭	동적 스트레칭	동적 스트레칭
	걷기 10분 + 달리기 60분	걷기 10분 + 달리기 50분 + 걷기 10분	달리기 30분 + 계단 오르기 + 달리기 10분	걷기 10분 + 달리기 50분	걷기 20분 + 달리기 20분 + 걷기 10분	걷기 10분 + 달리기 70분(4주차), 80분(5주차), 90분(6주차)
	기초체력 보강훈련	정적 스트레칭	정적 스트레칭	기초체력 보강훈련	정적 스트레칭	정적 스트레칭
	정적 스트레칭			정적 스트레칭		

7~9주차: 본격 오래 달리기 연습

6주차까지 어느 정도 달리기가 익숙해졌을 것이다. 이제 시간보다 '거리' 늘리기에 중점을 두고 달려보자. 일명 LSD Long Slow Distance다.

그렇다면 얼마나 오래, 그리고 느리게 달리면 될까?

평소 달리는 속도보다 천천히 달려야 한다. '빨리'가 아니라 '오래'에 초점을 맞춘다. 오래 달리기는 11km에서 35km까지가 적당하다. 중간에 멈추지 않아야 하며, 그런 버릇을 길러서도 안 된다.

6주차에 했던 90분간 오래 달리기와 별다른 차이는 없다. 기분 좋은 느낌을 유지하면서 조금 더 긴 거리를 계속 움직이는 연습을 해야 한다. 여전히 스피드를 올릴 필요가 없다. 지루함이 느껴진다면 언덕 훈련을 추가해도 좋다.

'지속주'는 장거리주의 대표적인 연습 방법으로, 일정 페이스를 유지하면서 장거리를 달리는 것이다. 최대로 사용할 수 있는 에너지의 70~80% 정도만 사용한다.

주의해야 할 점은 계속되는 훈련에 피로가 누적되지 않도록 스트레칭과 회복을 동시에 해야 한다는 것이다. 몸의 피로를 풀어주는 것도 하나의 운동이다.

7~9주차에는 피로회복에 더 많은 시간을 투자해야 한다. 마사지, 폼 롤러, 마사지 크림 등을 사용하면 큰 도움이 된다. 가장 권장하는 회복훈련은 수영이다. 수영을 못한다면 물 속에서 걷기도 도움이 된다.

훈련을 마치고 난 후, 얼음찜질로 근육의 피로를 덜

월요일	화요일	수요일	목요일	금요일	토요일	일요일
산책 및 휴식	동적 스트레칭	동적 스트레칭	동적 스트레칭	동적 스트레칭	동적 스트레칭	동적 스트레칭
	걷기 10분 + 달리기 60분	달리기 12~15km	달리기 40분	걷기 10분 + 달리기 50분	걷기 10분 + 달리기 20분	걷기 10분 + 달리기 17km(7주차), 20km(8주차), 23km(9주차)
	기초체력 보강훈련	정적 스트레칭	정적 스트레칭	기초체력 보강훈련	정적 스트레칭	정적 스트레칭
	정적 스트레칭			정적 스트레칭		

어 다음 연습에 차질이 없도록 하자. 효과적인 종이컵 얼음찜질법을 소개한다.

종이컵에 물을 가득 채워 냉동실에 얼린다. 얼음이 노출된 컵 윗부분을 환부에 천천히 원을 그리듯 마사지한다. 이 방법은 냉각과 압박의 2가지 효과를 볼 수 있다. 하루에 3, 4번, 한 번에 5~10분 정도가 적당하다.

10~12주차: 풀코스를 달리는 자신감 훈련

오래 달리기에는 요령이 있다. 천천히 달리기 시작해서 천천히 달리기를 마무리하는 것이다. 실력이 비슷한 친구와 같이 달리면 훨씬 도움이 많이 된다. 장거리 훈련 도중 물이나 음료를 마시고, 에너지 보충제를 먹는 훈련을 병행하자.

풀코스를 달리면 몸무게에 따라 3,000~4,000kcal가 소모된다. 그렇기 때문에 중간에 필수적으로 에너지를 보충해주어야 하고, 목이 마르기 전에 미리 물을 마셔야 한다. 달리다 목이 건조해지고 마르기 시작한다면 이미 늦었다. 에너지 젤 같은 우리 몸에 필요한 연료를 먹는 연습도 미리 훈련해봐야 한다.

연료의 휴대 방법은 다양하다. 손에 쥐고 달리는 방법과 바지 안쪽 주머니에 넣는 방법, 그리고 힙색 안에 넣는 방법이 있다. 어떤 것이 체력 소모가 덜하고 꺼내기 편한지 여러 번 시도해보자. 또한 장거리 달리기를 훈련하기 앞서 반드시 든든한 식사를 하자. 물론 1, 2시간 전에 식사를 마쳐야 한다. 이때 고탄수화물이 좋다.

달리기 코스는 평지를 추천한다. 어떤 대회를 달리는지에 따라 언덕 훈련이 필요할 수도 있다. 하지만 그렇지 않은 대회라면 되도록 평지를 달려 오래 달릴 수 있는 지구력을 키우는 데 초점을 맞추자.

트랙이나 공원 같은 한 장소를 반복해서 달리는 것도 좋지만, 한강처럼 긴 거리를 갔다가 되돌아오는 반환점 코스를 추천한다. 돌아와야 한다는 생각으로 중도 포기할 확률이 적고, 지루함을 덜 수 있다.

월요일	화요일	수요일	목요일	금요일	토요일	일요일
산책 및 휴식	동적 스트레칭	동적 스트레칭	동적 스트레칭	동적 스트레칭	동적 스트레칭	동적 스트레칭
	달리기 70분	달리기 15~18km	달리기 30분	워밍업 조깅◆ 20분 + 인터벌 트레이닝◆◆ 2,000m 3회	달리기 20분	걷기 10분 + 달리기 20km(10주차), 25km(11주차), 28km(12주차)
	기초체력 보강훈련	정적 스트레칭	정적 스트레칭	회복 조깅◆◆◆ 400m	정적 스트레칭	정적 스트레칭
	정적 스트레칭			정적 스트레칭		

◆ 나의 최대속도를 100이라 가정을 때, 50%의 속도로 천천히 달리기 시작해서 80%까지 속도를 높인다.

◆◆ 주로 트랙에서 훈련한다. 평소에 달리는 속도보다 10% 더 빠른 속도로 2,000m를 달린다. 회복 시간을 가지면서 트랙 1바퀴(400m)를 약 5분 동안 달린다. 3회 실시한다.

◆◆◆ 나의 최대속도를 100이라 가정했을 때, 20~30%의 속도(걷는 것보다 약간 빠르게) 400m 달린다.

10~12주차는 본격적으로 빠른 페이스를 훈련하고, 풀코스를 뛸 수 있는 자신감을 쌓는 훈련을 한다.

13, 14주차: 휴식과 컨디션에 집중하기

강도 있는 훈련은 마라톤대회 2주 전까지만 실시한다. 남은 2주는 피로회복에 집중해 몸의 상태를 최고치로 끌어올리도록 하자. 이때는 가벼운 조깅이 좋다. 대회 하루 전에는 걷기나 조깅, 그리고 스트레칭을 꼼꼼

월요일	화요일	수요일	목요일	금요일	토요일	일요일
산책 및 휴식	동적 스트레칭	동적 스트레칭	동적 스트레칭	동적 스트레칭	산책 및 휴식	동적 스트레칭
	달리기 80분	워밍업 조깅 20분 + 인터벌 트레이닝* 3,000m 3회	달리기 30분	워밍업 조깅 20분 + 인터벌 트레이닝 5,000m 2회		달리기 30km (13주차), 마라톤대회 참여(14주차)
	기초체력 보강훈련	회복 조깅** 600m	정적 스트레칭	회복 조깅 1,000m		정적 스트레칭
	정적 스트레칭	정적 스트레칭		정적 스트레칭		

* 주로 트랙에서 훈련한다. 평소에 달리는 속도보다 10% 더 빠른 속도로 3,000m를 달린다. 회복 시간을 가지면서 트랙 1바퀴(400m)를 약 5분 동안 달린다. 3회 실시한다.
** 나의 최대속도를 100이라 가정했을 때, 20~30%의 속도(걷는 것보다 약간 빠르게) 600m 달린다.

히 오랫동안 해주자.

14주 트레이닝 프로그램에 너무 부담을 느낄 필요는 없다. 컨디션에 따라 개인의 능력은 달라진다. 나의 몸이 하는 이야기에 귀 기울이고, 유동적으로 훈련 스케줄을 조절하는 지혜가 필요하다.

기록에 집착하지 않고 안전하고 즐겁게 달리면, 달리기를 오래오래 할 수 있다. 잘 달리는 러너는 부상 없이 즐길 줄 아는 러너라는 사실을 잊지 말자.

마라톤 풀코스 페이스차트

풀코스 페이스차트를 이용하면 원하는 시간 내에 마라톤을 완주할 수 있다. 우선, 나의 목표 기록에 근접한 'Finish 시간'을 확인한다. 그 시간 안에 통과하는 것을 목표로 km당 페이스를 조절하면 된다.

속도	1km	5km	10km	15km	20km	25km	30km	35km	40km	Finish
18.0 km/h	0:03:20	0:16:40	0:33:20	0:50:00	1:06:40	1:23:20	1:40:00	1:55:40	2:13:20	2:20:40
17.1 km/h	0:03:30	0:17:30	0:35:00	0:52:30	1:10:00	1:27:30	1:45:00	2:02:30	2:20:00	2:27:42
16.4 km/h	0:03:40	0:18:20	0:36:40	0:55:00	1:13:20	1:31:40	1:50:00	2:08:20	2:26:40	2:34:44
15.7 km/h	0:03:50	0:19:10	0:38:20	0:57:30	1:16:40	1:35:50	1:55:00	2:14:10	2:33:20	2:41:46
15.0 km/h	0:04:00	0:20:00	0:40:00	1:00:00	1:20:00	1:40:00	2:00:00	2:20:00	2:40:00	2:48:48
14.4 km/h	0:04:10	0:20:50	0:41:40	1:02:30	1:23:20	1:44:10	2:05:00	2:25:50	2:46:40	2:55:50
13.8 km/h	0:04:20	0:21:40	0:43:20	1:05:00	1:26:40	1:48:20	2:10:00	2:31:40	2:53:20	3:02:52
13.3 km/h	0:04:30	0:22:30	0:45:00	1:07:30	1:30:00	1:52:30	2:15:00	2:37:30	3:00:00	3:09:54
12.9 km/h	0:04:40	0:23:20	0:46:40	1:10:00	1:33:20	1:56:40	2:20:00	2:43:20	3:06:40	3:16:56
12.4 km/h	0:04:50	0:24:10	0:48:20	1:12:30	1:36:40	2:00:50	2:25:00	2:49:10	3:13:20	3:23:58
12.0 km/h	0:05:00	0:25:00	0:50:00	1:15:00	1:40:00	2:05:00	2:30:00	2:55:00	3:20:00	3:31:00
11.6 km/h	0:05:10	0:25:50	0:51:40	1:17:30	1:43:20	2:09:10	2:35:00	3:00:05	3:26:40	3:38:02

km/h									
11.3 km/h	0:05:20	0:26:40	0:53:20	1:20:00	1:46:40	2:13:20	2:40:00	3:06:40	3:33:20	3:45:04
10.9 km/h	0:05:30	0:27:30	0:55:00	1:22:30	1:50:00	2:17:30	2:45:00	3:12:30	3:40:00	3:52:06
10.6 km/h	0:05:40	0:28:20	0:56:40	1:25:00	1:53:20	2:21:40	2:50:00	3:18:20	3:46:40	3:59:07
10.3 km/h	0:05:50	0:29:10	0:58:20	1:27:30	1:56:40	2:25:50	2:55:00	3:24:10	3:53:20	4:06:10
10.0 km/h	0:06:00	0:30:00	1:00:00	1:30:00	2:00:00	2:30:00	3:00:00	3:30:00	4:00:00	4:13:12
9.7 km/h	0:06:10	0:30:50	1:01:40	1:32:30	2:03:20	2:34:10	3:05:00	3:35:50	4:06:40	4:20:14
9.5 km/h	0:06:20	0:31:40	1:03:20	1:35:00	2:06:40	2:38:20	3:10:00	3:41:40	4:13:20	4:27:16
9.2 km/h	0:06:30	0:32:30	1:05:00	1:37:50	2:10:00	2:42:30	3:15:00	3:47:30	4:20:00	4:34:18
9.0 km/h	0:06:40	0:33:20	1:06:40	1:40:00	2:13:20	2:46:40	3:20:00	3:53:20	4:26:40	4:41:20
8.8 km/h	0:06:50	0:34:10	1:08:20	1:42:30	2:16:40	2:50:50	3:25:00	3:59:10	4:33:20	4:48:22
8.6 km/h	0:07:00	0:35:00	1:10:00	1:45:00	2:20:00	2:55:00	3:30:00	4:05:00	4:40:00	4:55:24
8.4 km/h	0:07:10	0:35:50	1:11:40	1:47:30	2:23:20	2:59:10	3:35:00	4:10:50	4:46:40	5:02:26
8.2 km/h	0:07:20	0:36:40	1:13:20	1:50:00	2:26:40	3:03:20	3:40:00	4:16:40	4:53:20	5:09:28
8.0 km/h	0:07:30	0:37:30	1:15:00	1:52:30	2:30:00	3:07:30	3:45:00	4:22:30	5:00:00	5:16:30
7.8 km/h	0:07:40	0:38:20	1:16:40	1:55:00	2:33:20	3:11:40	3:50:00	4:28:20	5:06:40	5:23:32
7.7 km/h	0:07:50	0:39:10	1:18:20	1:57:30	2:36:40	3:15:50	3:55:00	4:34:10	5:13:20	5:30:34
7.5 km/h	0:08:00	0:40:00	1:20:00	2:00:00	2:40:00	3:20:00	4:00:00	4:40:00	5:20:00	5:37:36

기록을 2분 단축시키는
'팔치기'의 마술

팔 흔들기, 일명 팔치기를 아는가? 나는 이 방법을 잘 익혀 10km 단축마라톤에서 1주일 만에 2분을 단축했다. 팔치기를 하면 무엇이 좋을까?

첫째, 자세가 좋아진다. 바른 자세와 곧은 허리는 달리기의 생명이다. 상체가 굽지 않게 도와주면서 몸 전체의 균형을 잡아준다. 둘째, 더 많은 산소를 마실 수 있다. 허리가 숙여지면 폐로 원활한 산소 공급이 이루어지지 않는데, 팔치기로 가슴을 의식적으로 펴게 된다. 셋째, 다리가 앞으로 잘 나간다. 팔을 뒤로 보내는 힘은 앞으로 달려 나갈 수 있는 추진력이 된다.

어떻게 팔을 흔들까?

처음 달리기를 시작할 때 우리는 걷기부터 연습했다. 올바른 팔치기를 할 때도 팔을 흔들며 걷는 연습이 필요하다. 상반신에 집중하면, 올바른 팔치기 자세를 몸으로 익힐 수 있다. 자연스러워질 때까지 몸으로 익히고 연습하자. 다음을 따라 해보자.

1. 양손은 달걀을 손에 쥔 듯 가볍게 주먹을 쥔다.
2. 두 팔을 90°로 꺾어 가슴 앞으로 당겨 모은다. 손목과 어깨에 힘을 뺀다.
3. 팔꿈치가 양 옆으로 벌어지지 않게 주의하며 리듬 있게 팔을 앞뒤로 번갈아가며 흔든다.
4. 이때 몸통을 기준으로 팔꿈치를 앞으로 보내는 느낌이 아니라 뒤로 밀어낸다는 느낌으로 한다. 어깨를 움직이지 않고 팔꿈치를 뒤로 뻗는다고 생각하면 쉽다.
5. 두 팔은 같은 높이로 흔들고, V자형이나 A자형을 유지하며, 허리와 골반을 이용해 달린다.

팔치기의 추진력은 달리는 속도를 올리는 데 도움을 준다. 이때 상체가 지나치게 흔들리지 않도록 주의하자. 팔에 너무 힘을 주고 과도하게 팔치기를 하면 몸에 힘이 들어가 에너지가 빨리 소진되고, 몸의 균형과 리듬이 깨지기 쉽다. 팔꿈치를 몸의 중앙에서 앞으로 보내는 느낌이 아니라, 팔꿈치를 뒤로 밀어낸다는 느낌으로 힘 있게 팔을 흔들자.

올바르게 팔을 흔들수록 속도는 점점 빨라진다. 단거리 달리기는 더 많은 추진력을 얻기 위해 상대적으로 팔을 더욱 크게 흔들면 된다. 조깅의 경우, 가볍고 리듬감 있게 흔들어야 한다.

보다 정확한 팔 동작을 위해 팔이나 어깨 근육을 강화하는 것도 방법이다. 처음에는 어깨가 뻐근하고 근육통을 느낄 수 있다. 어깨 근육을 강화하면 팔치기에 도움이 되지만 다른 곳에도 쓰임이 있다. 레이스 후반에 팔의 힘이 빠져 자세가 흐트러지는 것을 예방한다.

결국 에너지를 아끼고 쓸데없는 곳에 힘을 낭비하지 않는 것이 핵심이다. 처음엔 어색하더라도 반복된 연습을 통해 팔치기를 몸에 익히자. 의식하지 않고 자연스러운 달리기 자세가 나온다. 팔치기는 보다 빠르게 갈 수 있는 방법이자, 보다 멀리 갈 수 있는 방법이기도 하다.

언제, 누구와
어떻게 달려야 좋을까?

메이저 마라톤이나 이색 달리기 이벤트가 끝나면 러닝 인구가 급격히 늘어난다. 이와 비례하여 달리기 부상 인구도 급격히 늘어난다. 다음의 5가지를 체크하고 뛰면, 아프지 않고 오래오래 달리기를 즐길 수 있다.

☑ 부드러운 지면 위를 달리는가?

발목 부상을 유발할 수 있는 자갈보다, 가급적이면 부드러운 지면을 달리도록 한다.

☑ 준비운동과 마무리운동을 충분히 했는가?

준비운동Warm-Up과 마무리운동Cool Down은 열이 오르거나 약간 땀이 맺힐 정도가 좋다. 겨울은 여름보다 더욱 신경 써서 대비한다.

☑ 웨이트 트레이닝으로 보강운동을 했는가?

러너에게 좋은 보강운동은 런지와 데드리프트, 그리고 코어 트레이닝이 있다. 스쿼트보다 런지를 추천하는 이유는 한 발로 땅을 딛고 달려 나가는 러너이기 때문이다. 두 발로 딛고 하는 스쿼트보다 한 발을 딛는 런지가 동적 운동을 하는 데 더욱 도움이 된다.

데드리프트는 신체 후면부의 발달에 도움을 준다. 엉덩이의 가장 큰 근육인 대둔근부터 허벅지 뒤쪽의 햄스트링과 종아리까지 근력을 강화할 수 있다. 코어 트레이닝은 신체 중심부의 안정성과 가동성을 증진시켜 러너들의 필수 트레이닝이다. 이 모든 보강운동은 주 2, 3회, 60~90분가량 실시한다.

☑ 무리하지 않고 달리는가?

매일 달리는 것은 옳지 않다. 1주일에 1, 2번 휴식을 취한다. 쉬는 것이 불안하거나 가벼운 부상을 당했다면, 수영이나 사이클로 대체 훈련해도 좋다.

☑ 올바른 신발을 착용했는가?

좋은 신발이라도 닳아서 쿠션이 제 기능을 못한다면 좋은 신발이 아니다. 자세를 망가뜨리고, 신체가 균형을 잃어 부상을 초래한다. 일반적으로 약 500km를 달리면 교체해야 한다.

몸과 마음이 보내는 신호를 절대 무시하지 마라. 만약 조금이라도 불편한 낌새가 느껴지면 하루쯤 쉬어도 괜찮다. 휴식은 더 멀리 뛸 수 있는 방법이다.

살 빼려면 '모닝런', 운동 효과를 높이려면 '저녁런'

호르몬 분비는 이른 아침에 잘 되고, 자율신경계는 오전부터 점심시간 사이에 원활하다. 심박수는 점심 무렵이 최고치고, 최대산소섭취량은 오후에서 저녁 시간이 최고치다.

모든 것이 최고치인 시간대에 달리는 것이 바람직하지만, 생체리듬에는 정답이 없다. 새벽 달리기, 점심 달리기, 혹은 퇴근 후 달리기 등 각자에게 좋은 시간대가 있다.

아침은 하루 중에서도 체온이 가장 낮을 때다. 그래서 아침에 달리면 체온이 올라가고 대사가 높아져 약간의 움직임으로 하루 동안 효과적인 지방 연소를 기대할 수 있다. 따라서 다이어트 중인 러너라면 아침 시간대를 적극 이용하자.

아침 운동은 기분을 좋게 만드는 호르몬인 '세로토닌'을 분비시켜 온종일 상쾌한 기분을 유지할 수 있다. 이 안정된 에너지 수치는 민첩하고 예리한 사고를 돕는다.

하지만 오전 6~8시 사이에는 대기 순환이 활발하지 않은 역전층이 발생해서 천식이나 기타 알레르기 질환을 가졌다면 조심해야 한다. 그리고 전날 밤, 새벽 2시가 넘어 잠든 사람에게 이른 아침 달리기는 숙면을 취한 사람보다 운동 효과가 떨어진다.

아침 러닝을 할 때는 평소보다 운동 능력이 떨어져 있으므로 천천히 달리면서 몸을 풀어주는 것이 좋다. 페이스를 서서히 높이다가 근육 손실이 일어나기 전인, 약간 힘들다고 느껴질 때 러닝을 마무리하면 된다.

운동 효과를 높이고 싶다면 저녁 러닝을 추천한다. 저녁의 몸은 아침과 비교하여 완전히 깨어난 상태다. 특히 오후 3~8시까지는 최대산소섭취량이 가장 높은 시간대다.

부신피질호르몬과 갑상선호르몬이 많이 분비되면서

신진대사가 원활해진다. 러닝 훈련의 효율성을 높이고 싶다면 야간 시간대를 적극 활용하자.

저녁에 달릴 때는 다른 시간대보다 강도 높은 트레이닝을 진행하는 것이 좋다. 평소보다 약간 빠르다고 느껴지는 강도로 달리면 심폐기능 향상에 도움이 되고, 체감 강도가 몸에 익어 대회에 출전했을 때 높은 페이스를 유지하며 달릴 수 있다. 단, 오버 트레이닝을 주의하자. 어두운 시야로 페이스 감각을 상실할 수 있다.

식후 1, 2시간 후 소화가 다 된 상태에서 달리는 것이 바람직하다. 심한 트레이닝을 하면 수면에 좋지 못한 영향을 줄 수 있으므로 잠자리에 들기 전에 조깅 같은 가벼운 보강운동으로 하루를 마무리하자.

언제, 어디를 달릴지 결정했다. 그렇다면 누구와 달려볼까?

"혼자 달리고 싶지만 외롭긴 싫어."

러닝크루는 정기적으로 함께 달리는 모임일, 달리는 목적, 그리고 달리는 지역에 따라 다양하다. 동갑내기 친구들과 달리는 띠별 크루도 있다. 크루 내의 융합을 위해 나이 제한을 두는 곳도 있고, 더 나은 달리기 실력을 위해 훈련에만 몰두하는 크루도 있다.

인터넷 카페나 SNS를 통해 쉽게 정보를 얻을 수 있다. 한 크루에 소속되고 가입하는 것만이 정답은 아니지만, 어떤 크루를 가입해야 할지 모른다면 우선은 여러 크루의 오픈 세션에 참가하자.

최근에는 스포츠브랜드가 자체적으로 개최하는 러닝 세션이 유행이다. 이들은 모두 지역 곳곳에 있는 매장에 베이스캠프를 갖고 있어 전문 코치와 함께 달린다. 달리기 전후에 매장에 구비되어 있는 스포츠 용품을 살 수도 있다. 물품 보관이 가능하고, 매장에 따라 샤워시설이 있기도 하고, 넓은 장소는 대관할 수도 있다.

러닝에 대한 수요가 늘어나면서 다양한 러닝 세션이 생겼다(굿러너컴퍼니가 대표적이다). 그중 플로거를 아는가?

이들은 한 손에는 위생 장갑을 끼고, 다른 한 손에는 쓰레기봉투를 들고 있다. 쓰레기를 주우며 달리는 플로깅 Plogging이다. '줍다'의 스웨덴어인 'Plocka upp'과 달리기인 'Jogging'의 합성어로, 조깅하며 쓰레기를 줍는 운동이다.

플로깅을 하는 사람은 플로거 Plogger가 된다. 2016년 스웨덴에서 처음 시작된 이 캠페인은 SNS를 통해 빠르게 퍼져 나가면서 북유럽부터 미국, 프랑스, 아시아까

지 붐을 일으켰다. 건강과 환경을 모두 지키는 새로운 놀이이자 운동법이다.

30분이면 달릴 수 있는 5km에 플로깅을 접목하면, 50분이 소요된다. 주변을 살피며 느린 조깅을 하다가 쓰레기가 보이면 모두 멈춰 서서 줍는다. 전단지, 일회용 컵, 담배꽁초까지 눈에 보이는 것은 전부 다 줍는다.

플로깅은 운동 효과가 매우 크다. 하체 근력을 강화할 수 있는 런지나 스쿼트를 하면서 쓰레기를 줍기 때문이다. 단순 러닝을 하는 것보다 다양한 근육을 사용할 수 있고, 쓰레기 무게가 있어서 칼로리 소모가 대단하다.

시각장애인과 동반해서 달리는 마라톤이 있다.
끈으로 엮인 믿음만으로 긴 거리를 함께 달린다.

사계절
달리기 좋은 길 BEST 7

달리기가 몸에 익숙해지면 새로운 장소를 찾아 달려보자. 취향에 맞는 달리기 코스를 개발하는 것도 또 다른 재미다. 방법은 간단하다. 달리고 싶은 지역의 지도를 확인하고, 초록색 지대가 어디에 있는지 찾아보자. 파란색이 있는 물가도 좋다.

팁을 주자면 도로의 실제 모습을 보여주는 로드뷰를 통해 달릴 수 있는 길인지 확인하자. 막상 그 장소에 갔을 때 도로가 없거나 달릴 수 없는 곳일 때도 많다.

어떤 길을 달려야 좋을까?

콘크리트보다 아스팔트, 아스팔트보다 흙, 흙보다 잔

디밭이 부상 예방에 효과적이다. 달리기 좋은 길을 순서대로 정리하면 다음과 같다.

잔디 > 흙 > 아스팔트 > 콘크리트

콘크리트로 된 길은 딱딱하다. 아스팔트보다 10% 더 딱딱하다. 보도를 달릴 때는 턱을 자주 오르내려야 하고 발밑을 항상 조심해야 한다. 인도의 표면이 매끄럽지 않고 보도블록에 발끝이 걸려 넘어지기 쉽다. 오래 달리기를 할 때는 되도록 피하는 것이 좋다.

가까운 곳에 학교가 있다면 운동장을 추천한다. 운동장은 트랙이나 인조잔디로 되어 있어 아스팔트로 된 도로보다 무릎에 무리가 덜 간다.

아스팔트로 된 길은 주변에 많다. 마라톤 경기와 비슷한 환경이고, 노면이 일정해 달리기 연습에 더없이 좋다. 그러나 지면이 단단해서 무릎과 발목에 부담을 줄 수 있다. 또한 자동차 사고에 항상 유의해야 한다. 안전을 위해 차량을 마주보는 방향으로 달리고, 밤에는 빛이 반사되는 옷을 입고 달리자.

산길, 흙길은 부드러운 지면이어서 달리기로 인해 신

체가 받는 충격을 줄여준다. 맑은 공기를 마실 수 있고, 더운 여름철에 그늘을 만들어주기 때문에 산을 달리려는 사람들이 많다. 나무뿌리나 돌멩이 같은 장애물이 많아 위험할 수 있으나, 근력 훈련에 큰 도움이 된다.

트레드밀은 단조로워서 1km 이상을 달리기 어렵다. 그 이유는 제자리를 뛰기 때문이다. 이를 극복하기 위해 바람의 저항을 만들어주어야 한다. 1, 2단계 경사도를 높이자.

팁을 주자면 턱을 들고 달려야 한다. 흔히 계기판을 본다고 고개를 숙인 채 달리는데, 이는 좋지 않은 자세다. 계기판을 수건으로 덮어 눈길이 가지 않게 하거나 고개를 들고 TV를 보자.

트랙에서 달리면 얼마나 빠른 속도로 얼마큼의 거리를 달릴 수 있는지 정확한 측정과 훈련이 가능하다. 덕분에 스피드 훈련에 적합하다. 탄성이 좋아 부상의 위험이 줄어든다. 똑같은 장소를 반복해서 달려야 한다는 지루함이 있지만, 달리기 자세를 교정하기에 좋다.

장소는 어디가 좋을까?

내가 꼽은 대한민국 달리기 좋은 길을 소개한다. 첫째로 '남산'이다. 개나리가 피기 시작하는 이른 봄부터,

눈이 내리는 겨울까지 사계절을 가장 가깝게 느낄 수 있는 러닝코스다.

곳곳에 무료로 짐을 보관할 수 있는 곳이 있고, 완만한 언덕길이 고루 갖춰져 있어 달리기 훈련에도 좋다. 또한 시각장애인 마라톤 동호회가 매주 토요일마다 열리는데, 그 정도로 안전한 곳이다. 서울의 야경을 곁에 두고 달릴 수 있는, 언제나 좋은 러닝메이트다.

둘째는 미국 센트럴파크 부럽지 않은 '올림픽공원'이다. 5개의 조깅코스가 있어 개인의 실력과 취향에 따라 달리고 싶은 길을 골라 달려보자. 남산과 달리 눈앞이 탁 트여 시야가 넓다. 차량이 오가지 않아 안전하고, 달리기가 끝난 후 잔디밭에 누워 땀을 식힐 수 있다. 서울에서 몇 안 되는 일출, 일몰 명소이기도 하다.

셋째는 '제주도'다. 한라산과 한라산 둘레길을 포함하여 제주 둘레길을 따라 모두 달려보았다. 그중 가장 추천하는 길은 함덕해수욕장에서 김녕해수욕장까지 이어지는 '제주올레길 19코스'다.

한쪽으로는 에메랄드 빛 바다가 펼쳐지고, 굽이굽이 꺾인 코스를 달릴 때마다 아름다운 풍경이 파노라마처럼 끝도 없이 이어진다.

계절별 달리기 좋은 곳

계절별로 찾아가면 더 좋은 곳들이 있다. 사계절이 있는 한국에서만 느낄 수 있는 매력이다.

벚꽃이 피는 봄에는 경주 '보문호'를 찾아간다. 벚꽃 터널을 달리기 위해서다. 벚꽃나무 아래를 걷는 것도 좋지만, 달리면 더 황홀하다. 달릴 때 일어나는 바람으로 인해 내가 지나간 자리에는 벚꽃잎이 가볍게 내려앉는다. 특히 경주 벚꽃마라톤이 열리는 시기에 찾아가면 안성맞춤이다.

여름에는 뭐니 뭐니 해도 부산이다. 부산으로 여름휴가를 간다면 이미 잘 알려진 해운대나 영화의 거리보다는 조금 색다른 달리기 코스를 추천한다. 바로 '미포철길'이다.

고즈넉한 옛 철길과 귀로 들려오는 남해의 파도소리는 발걸음을 더욱 경쾌하게 만든다. 특히 해가 지기 1시간 전부터 달리기를 추천한다. 노을이 지고 떠오르는 달을 보는 그 순간은 평생 잊지 못할 광경이다. 울창한 나무로 그늘까지 만들어주니 더운 여름에 달리기에 완벽한 장소다.

가을엔 '수원 화성 성곽길'을 달려보자. 하늘과 가까

운 곳에서 수원 시내를 훤히 내다볼 수 있는 능선을 따라 달린다. 잔디나 흙길로 되어 있어 달리기 좋고, 세계 문화유산인 화성행궁을 즐길 수 있으니 런트립으로도 제격이다.

흰 눈이 소복하게 쌓인 겨울에는 강원도 인제의 '속 삭이는 자작나무숲'을 추천한다. 바닥에 쌓인 눈만 하얀 것이 아니라 하늘 위까지 솟아난 자작나무까지 온 세상이 하얗다. 꼭 동화나라에 온 것 같다. 눈 속을 마구 누비다 보면 어느새 추위를 잊고 행복해진다.

경주 보문호 경북 경주시 신평동

부산 미포철길 부산 해운대구 달맞이길62번길 13

수원 화성 성곽길 경기 수원시 팔달구 매향동 1

인제 속삭이는 자작나무숲 강원도 인제군 인제읍 원대리 763-4

3대 메이저 마라톤을
모두 달려보니

"조중동 다 뛰었어?"

조중동 마라톤이라니, 왠지 모를 '도장 깨기' 심리가 불타오른다. 전 세계에 6대 마라톤이 있다면 국내에는 3대 마라톤이 있다. 흔히 조중동이라고 부르며, 조선일보 춘천마라톤, 중앙일보 중앙서울마라톤현 JTBC 서울마라톤, 동아일보 서울국제마라톤의 앞 글자만 딴 것이다.

2016년 중앙일보 중앙서울마라톤 완주

조중동 중에서 연중 마지막 행사인 JTBC 서울마라톤전 중앙일보 중앙서울마라톤. 매년 11월 초에 개최되며 1999년 서울올림픽 마라톤을 기념하기 위해 창설되었다. 이 대회는 종목이 다른 대회와 조금 다르다.

대한육상경기연맹에 등록된 선수들이 달리는 '엘리트 부문'과 일반 동호인 시민이 참여하는 '마스터즈 부문', 그리고 국내 마라톤대회 사상 처음으로 '휠체어 부문'이 있다. 신체적 한계나 사회적 차별 없이 모두가 동등한 환경에서 오직 '완주'를 위해 도전하는 영광의 장이다.

내 인생의 첫 풀코스를 중앙서울마라톤에서 달린 것은 굉장한 행운이었다. 그 이유는 다음과 같다.

나는 4시간을 달리면서 굉장히 많은 것들을 보았다. 두 팔은 없지만 튼튼한 두 다리가 있는 마라토너, 팔에 끈을 묶고 리드하는 든든한 동반주자가 있는 시각장애인 마라토너, 심지어 다리가 없어도 휠체어 바퀴를 밀어 달리는 마라토너, 그리고 청각장애인 마라토너를 보면 지난날을 반성하게 되었다.

그 반성이 없었더라면 나의 두 번째, 세 번째 풀코스도 없었을 것이다. 나 자신과의 싸움, 그리고 가슴속에 뜨거운 무언가를 느끼고 싶다면 JTBC 서울마라톤을 추천한다.

누군가 왜 '그렇게' 뛰냐고 묻는다면,
'그렇게' 뛰어본 적 있냐고 묻고 싶다.

2017년 조선일보 춘천마라톤 완주

10월, 형형색색 단풍으로 물든 춘천 자락을 구경하며 달린다. 평지는 아니지만 상쾌한 공기와 장엄한 자연을 구경하는 맛에 시간 가는 줄 모르며 달릴 수 있다.

언덕이 많은 춘천마라톤을 달리기 위해서는 언덕 오르기 집중훈련을 하는 것이 필수다. 여름에서 가을로 접어드는 선선한 날씨 덕분에 많은 러너가 개인기록을 달성할 수 있다. 단풍을 구경하기 위해 세계 각국의 마라토너가 모여든다.

나는 춘천마라톤에서 감격적인 두 번째 마라톤을 마쳤다. 첫 번째 풀코스를 뛰고 한동안 걷지 못할 정도로 인생의 쓴맛을 보고 목표를 다시 세웠다. '걷지 않고 달리기.'였다. 조금 더 심리적 안정감을 주는 목표를 설정한 덕분인지 아주 만족할 만한 결과를 얻었다.

첫 풀코스 때는 엄지발가락에 멍이 들었고, 이번에는 두 번째 발가락에 멍이 들었다. 멍이 사라지는 데 꼬박 1년이 걸린 첫 번째 마라톤과 달리 6개월 만에 멍이 사라졌다. 세 번째 마라톤부터는 멍이 들지 않았다.

시골길을 달리며 내 발 밑에 느껴지던 흙뭉치들이 얼마나 부드럽게 느껴졌는지를 기억한다. 지팡이 대신 유

모차를 끌고 나와 밝은 미소로 손을 흔들어주던 할머니
와 백구를 기억한다. 순박한 시골 소녀가 "힘내요!"라고
외치는 소리도 기억한다. 입가에 미소가 지어졌다.

'내가 이토록 달리기를 즐기고 좋아하고 있구나.'라고
처음 느꼈다. 땡땡 부어버린 발도 좋았고, 절뚝거리는
내 종아리도 좋았다. 이 날 이후부터 나의 달리기 목적
은 기록 경신이나 도장 깨기가 아니라, 달리기 그 자체
가 되었다.

2018년 동아일보 서울국제마라톤 완주

3월에 열리는 동아일보 서울국제마라톤은 광화문 광
장, 숭례문, 청계천, 그리고 한강의 잠실대교까지 서울
의 구석구석을 달리는 편도 코스다. 서울의 주요 관광
자를 달리다 보니, 외국인들의 참여가 높다. 주로는 평
평하여 서울의 주요 관광지를 구경하며 달릴 수 있다는
매력이 있다.

나의 세 번째 마라톤인 동아마라톤에서 20km 지점을
지났을 무렵 한 아저씨가 말을 걸어왔다. 얼굴, 목소리,
그리고 뛰는 폼을 가만 보니 생각났다. 춘천마라톤에서
40km를 함께 달리며 완주의 기쁨을 누렸던 분이었다.
그분은 나의 뒷모습을 알아보고 쫓아오셨고, 그날 나는

대화를 하나하나 기억하고 있었다.

추운 날이면 체온 유지를 위해 우비를 입은 채 달리다가 열이 오르면 벗어 쓰레기통에 넣곤 한다. 춘천마라톤 당시, 다른 사람들은 우비를 다 벗었는데 그분만 20km가 넘도록 노란 우비를 걸치고 달리길래 자세히 보니 깁스로 팔을 고정하고 있었다.

앞뒤 간격을 유지하며 함께 뛰었다. 내가 힘들어 할 때면 잘하고 있다며 응원의 말을 건네주기도 했고, 급수를 할 때면 잠시 기다려주기도 했다. 완주 후 우리는 뜨거운 포옹을 나누었던 사이다.

반년이 지난 후, 기적처럼 다시 만난 이 분처럼 인생은 알 수 없는 기적의 연속이고, 삶은 사람들이 한데 뒤얽혀 사는 마라톤과도 같다. 다시 만난 이 아저씨는 이제 팔이 다 나았는지 나보다 훨씬 빠르게 앞으로 달려나가셨고, 나는 웃으며 피니시 라인을 밟았다.

해외 마라톤의 이야기를 덧붙이고 싶다

아는 이 하나 없는 타지를 달리는 해외 마라톤은 어떤 재미가 있을까? 누구의 응원을 받으며 나의 지친 신체를 위로할까 궁금했다.

42.195km를 다 달린 후 그 기쁨을 누구와 나눠야 할

지 조금은 두려웠다. 나의 이름도, 얼굴도 아는 이 하나 없는 일본 나고야에서 풀코스 마라톤을 달렸을 때다. 결론은 언어가 통하지 않아도 된다는 것이다.

일본에서 매년 봄에 열리는 나고야 우먼스마라톤은 약 2만 명의 여자들이 함께 달린다(남자를 위한 하프코스도 있다). 포스터, 현수막, 심지어 차량 통제용 칼라콘도 핑크색이라서 가히 여자들을 위한 축제라 할 만하다. 7시간이라는 넉넉한 제한 시간이 주어져 초보자들에게도 부담이 없다.

이 대회를 달려야 하는 진짜 이유는 따로 있다. 완주 메달이 '한정판 티파니 목걸이'다. 매년 다른 디자인을 선보여서 목걸이를 수집하러 해마다 오는 사람도 많다.

전 세계에서 선정된 미남들이 직접 목걸이를 걸어주는 특별한 행사도 진행한다. 1년 365일 내가 목에 항상 걸고 다니는 행운의 목걸이도 바로 이것이다. 나를 지켜주는 부적처럼 늘 함께 달린다.

마라톤 풀코스를 한 번 완주했다고 해서 그것이 끝이 아니다. 달리면 달릴수록 달리기는 나에게 계속해서 새로운 깨달음과 메시지를 건네주고 있다. 이것이 내가 여덟 번째 뉴욕마라톤을 준비하는 이유다.

쉬지 않고 달린 값어치는
그 어떤 것과 비교할 수 없다.

내게 맞는 마라톤대회를 골라보자!

특색 있는 마라톤 대회가 넘쳐나는 요즘, 하나만 선택해야 한다면 고민에 빠진다. 교통이 편리한 곳, 입상이 유리한 곳, 원하는 기념품이 있는 곳 등에 우선순위를 둘 수 있다. 또 무엇이 있을까?

첫째, 협찬사가 많은 대회를 알아보자. 협찬사가 많을수록 대회의 규모가 크다. 축제 분위기를 만끽할 수 있으며, 안전에 대한 대비도 잘 갖춰져 있다.

둘째, 코스를 확인하자. 집과 가깝다는 이유로 대회를 신청했다가 언덕이 많아 낭패를 보는 경우가 있다. 개인기록 달성을 목표로 한다면 코스를 확인해 유리한 대회에 참가한다.

셋째, 국제마라톤대회에 나가보자. 국제 육상경기연맹IAAF

에서 선정한 우리나라의 국제마라톤대회는 총 9개다.

경기 국제 하프마라톤, 서울 국제마라톤, 인천 국제 하프마라톤, 대구 국제마라톤, 군산 새만금 국제마라톤, 인천 송도 국제마라톤, 동아일보 경주 국제마라톤, 조선일보 춘천마라톤, JTBC 서울마라톤이다.

마라톤대회 일정 확인하기

마라톤온라인 웹사이트(marathon.pe.kr)에서 마라톤대회 일정을 확인할 수 있다. 개최 일자 순서대로 대회 이름, 장소, 연락처가 나와 있어 한눈에 파악하기 쉽다.

우리나라는 4, 5월과 9, 10월에 마라톤대회가 많이 열린다. 날씨가 선선해서 뛰기 좋다. 물론 한여름과 한겨울에도 마라톤 대회가 있다. 혹서기 마라톤과 눈밭마라톤, 알몸마라톤 등의 다양한 이벤트들이 준비돼 있다. 매년 1월 1일에 개최되는 새해마라톤부터 12월 31일에 개최되는 선셋마라톤까지 1년 내내 마라톤을 즐길 수 있다. 2018년, 한 해에 개최된 마라톤대회만 해도 무려 392개로, 전년에 비해 11개가 늘었다. 하루에 1개씩 출전하고도 남는다.

종목은 5km 걷기부터 10km 단축마라톤, 하프, 그리고 풀코스 마라톤까지 다양해 목표하는 거리에 맞춰 선택할 수 있다. 100km 이상을 달리는 울트라마라톤도 있다.

마라톤대회 신청 방법

마라톤대회 신청은 보통 대회 보름 전이나 빠르면 2달 전에 마감된다. 그렇기 때문에 개인의 목표에 따라 미리 신청하고, 대회 일자에 맞춰 체계적인 훈련 스케줄을 계획하는 것이 좋다.

해외 마라톤에 대한 정보를 얻는 법

국제 마라톤 및 장거리레이스 연맹 웹사이트(aims-worldrunning.org)에서 해외 마라톤대회 정보를 확인할 수 있다. 120개국에서 실시간으로 열리는 마라톤대회들이 소개되어 있다. 국가별로 검색이 가능하므로 해외여행을 계획하고 있다면 검색해보자. 특히, 이 웹사이트에는 엄선된 국제대회들만 모여 있어 전 세계의 많은 러너들이 참가하고, 즐길 거리가 가득하다.

JustRunLah! 홈페이지(justrunlah.com)도 꽤 유용하다. 싱가포르, 인도네시아, 말레이시아, 홍콩 등의 동남아시아 마라톤 일정을 확인할 수 있다. 어플을 통해 간편하게 마라톤 일정을 확인할 수 있다. 대회 정보뿐만 아니라 해당 국가에서 달리기 좋은 러닝코스나 함께 달릴 수 있는 로컬 러닝클럽 등이 잘 정리되어 있어 동남아에 간다면 꼭 참고해보자.

마라톤 관련 사이트

- 경기 국제 하프마라톤 ggimarathon.com

- 서울 국제마라톤 seoul-marathon.com

- 인천 국제 하프마라톤 incheonmarathon.co.kr

- 대구 국제마라톤 marathon.daegusports.or.kr

- 군산 새만금 국제마라톤 smgmarathon.com

- 인천 송도 국제마라톤 songdorun.com

- 동아일보 경주 국제마라톤 gyeongjumarathon.com

- 조선일보 춘천마라톤 marathon.chosun.com

- JTBC 서울마라톤 marathon.jtbc.com

- 대한철인3종협회 triathlon.or.kr

- 베를린마라톤 bmw-berlin-marathon.com

- 시카고마라톤 chicagomarathon.com

- 뉴욕마라톤 tcsnycmarathon.org

- 도쿄마라톤 marathon.tokyo

- 런던마라톤 virginmoneylondonmarathon.com

- 보스턴마라톤 baa.org

- 사막레이스 4deserts.com

대회 전날 밤, 무엇을 해야 할까?

대회 출발 시각은 보통 오전 8시나 9시다(출발 시각과 집결 시각은 엄연히 다르므로 시간 체크가 필수다). 동남아 같은 더운 나라는 새벽 4시부터 레이스가 시작되기도 한다. 대회 날 아침에는 정신이 하나도 없으니, 전날 필요한 물건들을 미리 준비하는 것이 좋다.

대회장 근처 지하철역 화장실에서 거울을 보며 러닝복으로 갈아입겠다는 생각은 일찍이 거두길 바란다. 대회 출발 신호가 울리고 한참이 지나도 지하철역 화장실 대기줄은 줄어들 기미가 보이지 않는다.

집을 나설 때 운동복을 입고 나오는 것이 좋다. 동봉된 옷핀을 이용해 배번호를 옷에 미리 달아놓으면 더욱 좋다.

대회 준비물 체크리스트

대회 때 착용할 러닝화와 러닝복, 그리고 배번호는 필수 준비물이다. 이 외에도 대회 요강 및 코스 안내에 대한 내용이 상세히 적혀 있는 책자와, 대회 후 갈아입을 여벌의 옷이 필요하다. 발의 피로를 풀어줄 슬리퍼도 있으면 좋다.

마라톤을 완주한 후 땀에 젖은 상태로 오랜 시간 있으면 체온이 떨어진다. 컨디션 저하로 감기에 걸리는 2차 상황을 예방하기 위해 마른 수건이나 옷가지들로 땀을 닦고, 미리 준비한 옷으로 갈아입어 체온을 유지하자. 다음은 내가 대회에 참석하기 전 반드시 확인하는 체크리스트다.

체크 리스트!

☐ 러닝화 ☐ 러닝의류 ☐ 배번호표 ☐ 체온 유지를 위한 여벌의 옷과 슬리퍼
☐ 대회 안내 책자 ☐ 에너지 젤 ☐ 양말 ☐ 마른 수건 ☐ 바세린
☐ 물티슈 ☐ 모자 및 선글라스 ☐ 자외선 차단제 ☐ 장갑 및 넥워머(겨울철)
☐ 러닝시계 및 암밴드 ☐ 기타 준비물(헤어밴드, 힙색, 상비약, 비상금)

대회 24시간 전, 몸과 마음의 준비

대회의 전체나 일부 코스를 미리 살펴보는 것이 좋다. 코스에 조금이라도 친밀감을 가지면 마음이 한결 편안해진다.

직접 그 코스를 달려보는 것이 가장 좋지만, 여건이 안 된다면 마라톤 안내 책자에 나와 있는 코스를 살펴보며, 달리는 나의 모습과 완주 후에 환호하는 나의 모습을 상상하자.

미리 제공되는 대회 티셔츠를 입어보고, 러닝화를 신어보자. 필요한 물품을 바닥에 나열해놓고 준비물을 다 챙겼는지 점검하자.

집결 시각이 몇 시인지, 대회장까지 늦지 않게 도착하려면 언제쯤 나가야 하는지 여러 번 확인하자. 내가 달리는 이유를 다시금 되새겨보면서 강인한 정신력을 얻을 수 있다.

대회 전날 밤, 잠이 오지 않더라도 일찍 잠자리에 누워 충분한 숙면을 취해야 한다. 최고의 컨디션으로 출발선에 서려면 말이다. 대회 출전에 대한 긴장으로 충분히 자지 못할 수 있지만, 이로 인한 피로감이 당일 레이스에 악영향을 끼친다.

단 하루를 위해 몇 달을 달려왔다. 완주라는 목표 외에 아무것도 생각하지 말자. 당신은 마라토너이며, 무슨 일이 있어도 완주해야 하고, 완주할 수 있다!

온몸에서 흐른 땀방울이 바닥을 적셨다.
드디어 내가 완주를 해냈다.

마라톤을 마쳤다!
무엇을 할 것인가?

"축하합니다! 당신은 이제 러너에서 마라토너로 재탄생
했습니다."

한 걸음을 올라가면 두 걸음 미끄러지는 험난한 세상
에서 당신은 해내지 못할 일이 없음을 입증했다. 풀코
스 마라톤에 도전할 용기가 있다는 것, 그리고 그 용기
를 행동으로 옮겼다는 것. 이 2가지면 당신은 회사와 가
정에서 어깨를 당당히 펴도 좋다.

첫 몇 초 혹은 며칠 동안 완주했다는 쾌감에 사로잡
혀 히어로 영화의 주인공이 된 듯한 느낌이 들 것이다.
나도 그랬다. 하지만 일상생활로 돌아와서 이제 무엇을
해야 할지 당황스러웠다. 방향을 상실한 느낌이 들었

다. 당연하다. 몇 달 동안 육체적 에너지와 정신적 에너지를 '완주'라는 목표 하나에 집중했으니 말이다.

나는 인생에서 첫 풀코스 마라톤을 완주하고, 친구들로부터 엄청난 전화를 받았다. "여보세요?"라는 말을 마치기도 전에 궁금해 미치겠다는 목소리로 선수를 치며 물었다.

"완주했어? 어땠어? 살아는 있니?"

어디서부터 어떤 이야기를 꺼내야 할지 막막했다. 하지만 가족, 연인, 친구, 직장동료에게 경험담을 늘어놓으며 영웅담을 늘어놓자. 마라톤대회에 참가하고 완주한 경험은, 단언컨대 모두에게 좋은 자극이 된다.

나는 누구나 마라톤에 도전하고 싶은 마음을 가지고 있다고 생각한다. 하지만 입 밖으로 내뱉을 용기가 없을 뿐이며, 당신은 그 일을 실천한 용기 있는 자다.

나는 경험으로 마라톤이 자존감과 자신감을 증가시킨다는 사실을 확인했다. 지금껏 내가 느껴보지 못한 나의 상태를 최대치로 올려준다.

이것이 '러너스 하이Runner's High(달리기로 인해 얻어지는 도취감, 혹은 달리기의 쾌감)'라고 생각한다. 이 쾌감이 가장 단기간에 내 몸을 최고의 상태로 끌어올릴 수 있다. 그래서 마라톤을 '인생의 지름길'이라고도 하는 것 같다.

이제 2가지 선택이 놓여 있다. "계속해서 마라토너로 남을 것인가?" 또는 "한 번의 경험으로 만족할 것인가?"

마라토너로 남겠다면 지금의 상태를 계속해서 유지해야 한다. 나는 첫 풀코스를 완주하고 너무 힘들어서 다시는 대회에 출전하지 않으리라고 다짐했다. 하지만 머지않아 어떤 대회에 나갈지 정보를 뒤적이고 있었다.

결승선을 통과한 사람들은 앞으로 무슨 일이든 할 수 있다는 자신감을 얻는다. "나는 이제 어떤 일도 두렵지 않아요. 나는 내가 혼자가 아니라는 것을 알았어요. 그들이 곁에 있어서 나는 무엇이든 할 수 있어요."

마라톤 훈련을 하면서 목표의 중요성을 배웠고, 끈기와 인내심을 단련했고, 건강한 생활을 유지하기 위한 생활을 습관화했다. 평생 무엇과도 바꿀 수 없는 환상적인 경험을 마쳤다.

마라톤을 한 번 해봤으면 충분하다고 생각한다고? 그렇다고 크게 달라지는 것은 없다. 이미 건강한 생활 방식이 프로그램화되었으니까. 이 프로그램을 다시 활용하지 않더라도 그 경험은 인생에서 손꼽히는 중요한 사건으로 남을 것이다.

기록이 보잘 것 없어도 괜찮다. 어쨌든 당신은 돈으로 살 수 없는 기록을 가지고 있으니 말이다. 인생에서 한 번쯤은 포기하지 않고 끝까지 가봤다고 말할 수 있지 않은가?

사람들은 피니시 라인에 도달한 내 모습을 보면, 너무나도 밝다고 한다. 농담처럼 택배를 찾으러 갔다 왔냐고 묻기도 한다. 42.195km를 달린 게 맞느냐고 재차 확인해보기도 한다.

이렇게 마라톤은 내가 어떤 모습이든 내가 건강함을 증명한다. 그리고 더 건강한 사람으로 다시 태어나게 한다. 그리고 마라톤 중독자들은 결코 즐거움을 혼자 차지하지 않는다. 주위 사람들에게 '달리기의 즐거움'을 외치며 기꺼이 전도사가 된다. 나처럼 말이다.

왜인지 풀코스를 완주할 수 있을 것 같은 기분이 들지 않는가? 아직은 달릴 용기가 나지 않더라도 괜찮다. 풀코스가 당신에게 먼 이야기가 아니기만을 바란다. 이로써 당신은 달릴 준비를 마친 것이니 말이다.

자, 이제 멋지게 완주해낼 차례다. 이 모든 것을 견디고 나면 인생의 새로운 길을 맞이하게 될 것이다.

이미지 제공

· TRANS JEJU 045

· HIGH1 SKY RUNNING 079

· 아이오닉 롱기스트런(하단) 087

· 사진작가 최진성 090, 091, 136, 144, 145, 205

· 사진작가 Andrew Jeon 101

· 아식스 코리아 109

· 구례지리산스카이레이스 118

· TMBT 130

· KOREA 50K 161

· 아드레나인(adre9) 168

· 사진작가 Roy Park 233

나는 오늘 모리셔스의
바닷가를 달린다

2019년 5월 30일 초판 4쇄 발행
지은이·안정은

펴낸이·김상현, 최세현
책임편집·김유경 | 디자인·최우영

마케팅·양봉호, 김명래, 권금숙, 임지윤, 최의범, 조히라, 유미정
경영지원·김현우, 강신우 | 해외기획·우정민
펴낸곳·㈜쌤앤파커스 | 출판신고·2006년 9월 25일 제406-2006-000210호
주소·경기도 파주시 회동길 174 파주출판도시
전화·031-960-4800 | 팩스·031-960-4806 | 이메일·info@smpk.kr

ⓒ 안정은(저작권자와 맺은 특약에 따라 검인을 생략합니다)
ISBN 978-89-6570-773-8 (03320)

쌤앤파커스(Sam&Parkers)는 독자 여러분의 책에 관한 아이디어와 원고 투고를 설레는 마음으로 기다리고 있습니다. 책으로 엮기를 원하는 아이디어가 있으신 분은 이메일 book@smpk.kr로 간단한 개요와 취지, 연락처 등을 보내주세요. 머뭇거리지 말고 문을 두드리세요. 길이 열립니다.